AF389270

LES PRINCIPES BIOLOGIQUES

DE

L'ÉVOLUTION SOCIALE

OUVRAGES DE M. RENÉ WORMS

De la Volonté unilatérale considérée comme source d'obligations.
Paris, Giard et Brière, un vol. in-8° de 204 pages, 1891. — Epuisé.

Précis de Philosophie, d'après les Leçons de philosophie de M. E.
Rabier. Paris, Hachette, un vol. in-12 de 410 pages, 1891.
3ᵉ édition, 1905.

Eléments de Philosophie scientifique et de Philosophie morale.
Paris, Hachette, un vol. in-12 de 120 pages, 1891.

La Morale de Spinoza. Mémoire couronné par l'Institut. Paris,
Hachette, un vol. in-12 de 334 pages, 1892. — Epuisé.

« De Natura et Methodo Sociologiæ ». Paris, Giard et Brière, un
vol. in-8° de 104 pages, 1896.

Organisme et Société. Paris, Giard et Brière, un vol. in-8° de
410 pages, 1896. — Traduit en russe.

La Science et l'Art en Economie politique. Paris, Giard et Brière,
un vol. in-12 de 132 pages, 1896.

Philosophie des Sciences sociales. Paris, Giard et Brière, trois vol.
in-8° :

    Tome I : Objet des Sciences sociales, 230 pages, 1903 ;

    Tome II : Méthode des Sciences sociales, 254 pages, 1904 ;

    Tome III : Conclusions des Sciences sociales, 310 pages, 1907.

Etudes d'Economie et de Législation rurales. Paris, Giard et Brière,
un vol. in-12 de 310 pages, 1906.

COLLECTIONS DIRIGÉES PAR M. RENÉ WORMS

Revue Internationale de Sociologie : 17 volumes grand in-8°.
Annales de l'Institut International de Sociologie : 11 volumes in-8°.
Bibliothèque Sociologique Internationale : 40 volumes in-8°.

BIBLIOTHÈQUE SOCIOLOGIQUE INTERNATIONALE
Publiée sous la direction de M. René WORMS
Secrétaire général de l'Institut International de Sociologie

SÉRIE IN-18. — A

LES
PRINCIPES BIOLOGIQUES
DE
L'ÉVOLUTION SOCIALE

PAR

RENÉ WORMS

Docteur en droit, Docteur ès lettres
Agrégé de philosophie, Agrégé des sciences économiques
Directeur de la Revue Internationale de Sociologie

PARIS (5ᵉ)
V. GIARD & E. BRIÈRE
LIBRAIRES-ÉDITEURS
16, RUE SOUFFLOT ET 12, RUE TOULLIER

1910

A LA MÉMOIRE DE MON MAITRE

ALFRED GIARD

MEMBRE DE L'ACADÉMIE DES SCIENCES

PROFESSEUR DE ZOOLOGIE A L'UNIVERSITÉ DE PARIS

LES
Principes Biologiques de l'Evolution Sociale

CHAPITRE PREMIER

BIOLOGIE ET SOCIOLOGIE

Sommaire. — I. Relation générale de la biologie et de la sociologie. — II. Division mécanique et division biologique de la sociologie. — III. Principes biologiques en statique et en dynamique sociales.

I

Les sciences de la nature vivante et les sciences sociales, ou, si l'on veut, la biologie et la sociologie, qui en sont respectivement les synthèses, ont entre elles des liens que nous voudrions ici préciser.

La plus remarquable classification des sciences est, à notre avis, celle d'Auguste Comte. L'illustre philosophe distingue six sciences fondamentales :

mathématiques, astronomie, physique, chimie, biologie, sociologie. Chacune d'elles a pour objet un ordre de phénomènes, de plus en plus particulier et de plus en plus complexe à mesure qu'on s'élève dans cette hiérarchie. Leur but est d'en dégager les lois. Elles sont irréductibles les unes aux autres, car avec chacune on suit l'action d'un facteur nouveau, étranger à la précédente. Et pourtant elles s'appuient les unes sur les autres, la connaissance de l'objet le plus complexe supposant celle de ses éléments plus simples (1).

Certains termes de cette classification ne pourraient-ils être réunis à d'autres ? La partie la moins abstraite des mathématiques (c'est-à-dire la géométrie et la mécanique), ainsi que l'astronomie, la physique et la chimie, étudient les corps inorganiques. La biologie s'occupe des corps organisés. Enfin la sociologie traite de ces ensembles supérieurs, que déjà Comte nommait des « organismes sociaux », dont Herbert Spencer a montré les analogies précises avec les corps individuels (2), et qu'on peut nommer des « hyperorganismes ». On arrive ainsi à une division tripartite et symétrique de la science, qui s'appellera

----

1. *Cours de Philosophie positive*, notamment IIe leçon.
2. *Principes de Sociologie*, IIe partie.

cosmologie, biologie ou sociologie, suivant que son domaine sera inorganique, organique ou supra-organique.

Pour qui admet la conception de Spencer, le lien de la biologie et de la sociologie apparaît comme extrêmement étroit. Les sociétés — et par ce terme nous désignons principalement les sociétés humaines, auxquelles cette étude se réfèrera de préférence à toutes autres (1) — les sociétés sont des hyper-organismes, plus riches à coup sûr que les organismes individuels et contenant bien plus de choses qu'eux, mais contenant tout d'abord les mêmes choses et par suite soumis aux mêmes lois qu'eux-mêmes. Les relations entre individus au sein de la société sont plus variées que les relations entre cellules au sein de l'organisme, mais elles sont pourtant construites sur le même type fondamental et soumises aux mêmes conditions originaires. Le social reproduit ainsi l'organique à une échelle agrandie. La sociologie devient une biologie supérieure.

Cette conception « organiciste », nous l'avions autrefois adoptée sans réserve et nous avions consacré à sa défense un travail étendu (2). Nous

---

1. Pour les sociétés non humaines, nous renvoyons au beau livre de M. A. Espinas, *Les Sociétés Animales.*
2. *Organisme et Société,* 1896.

I.

avons depuis lors reconnu que d'autres théories sociologiques méritent d'être prises en aussi sérieuse considération qu'elle. Certes, nous ne la répudions pas, ainsi qu'on l'a parfois dit à tort. Nous montrerons même plus loin quel usage elle comporte encore aujourd'hui. Mais, qu'elle soit exacte on non, cela nous importe peu dans le présent travail. La théorie organiciste peut être rejetée ; la relation de la biologie et de la sociologie, telle que nous allons nous efforcer de l'établir, n'en subsistera pas moins.

Ce qui fait que nombre d'esprits hésitent à accepter l'organicisme, c'est qu'ils ne peuvent comprendre comment une société constituerait un être unique, jouirait d'une individualité véritable. Les biologistes ne s'embarrasseront pas facilement de cette objection. Car ils savent combien la notion d'individualité est variable dans leur propre domaine. Pour ne citer que deux exemples, l'ascidie composée et le polypier sont-ils ou ne sont-ils pas des individus ? Ceux qui l'admettent seront assez portés à attribuer le même caractère aux sociétés humaines. Si d'ailleurs on voulait aller au fond des choses, l'individualité de tout être vivant, fût-ce d'un être aussi centralisé que l'homme, deviendrait sujette à bien des contestations.

Le mieux donc, pour couper court à toute polémique stérile, c'est de ne pas s'appesantir sur cette notion, plutôt métaphysique, d'individualité. Nous n'avons pas besoin pour construire la science de savoir ce qu'est un être individuel. Le fond ultime des choses est à jamais impénétrable. Ne spéculons pas sur les êtres « en soi », bornons-nous à parler des phénomènes qui les manifestent à nos sens. La précédente classification des sciences pourra néanmoins être maintenue. Il suffira d'un correctif tout verbal dans son énonciation. Nous ne distinguerons pas l'étude des êtres inorganiques, celle des êtres organisés, celle des supra-organismes. Mais nous distinguerons celle des phénomènes inorganiques, celle des phénomènes organiques, celle des phénomènes supra-organiques ou sociaux. Nous reviendrons ainsi à la conception de Comte, mais simplifiée par sa réduction à trois termes.

La sociologie n'est plus dès lors, comme dans l'organicisme, l'étude de sociétés vivant chacune d'une vie propre et comparable à celle des humains. Cela va-t-il faire tomber son lien avec la biologie ? En aucune façon. Les actes des individus qui composent ces sociétés n'en resteront pas moins, isolément, soumis au déterminisme biologique. Ou, si l'on veut éliminer même sur ce point la notion d'individu, les phénomènes manifestés à l'intérieur des masses que nous dénommons sociétés demeureront, chacun à part, des phénomènes de l'ordre organique. Quand il entre en contact avec ses semblables, l'homme ne le fait qu'avec sa constitution vitale préexistante. Les actes qu'il accomplit envers eux, ont toujours leurs racines au fond de ses organes, de ses tissus et de ses cellules et se ramènent forcément à l'exercice d'une de ses fonctions de nutrition, de reproduction ou de relation. Tous ces actes ont en quelque sorte deux faces : une face intérieure, par laquelle ils sont organiques ; une face extérieure, par laquelle ils sont sociaux. Or, l'intérieur est sans doute ce qu'on aperçoit le moins vite, ce que parfois un observation superficiel néglige. Mais, c'est aussi ce qui, pour un investigateur plus profond, rend souvent raison de l'extérieur.

Par là, on peut déjà entrevoir, ce nous semble, en quoi consiste la relation fondamentale de la sociologie et de la biologie. La première étudie des faits qui par un de leurs côtés relèvent de la seconde et qui même en relevaient déjà avant de tomber sous ses propres prises Il faudra donc qu'elle demande à la science-sœur des informations. Il sera nécessaire qu'elle lui emprunte des principes fondamentaux. Elucider certains au moins de ces principes, c'est l'objet même des explications qui vont suivre.

II

Auguste Comte, duquel il faut toujours partir lorsqu'on parle de sociologie, a proposé de distinguer dans cette science deux branches. Leur donnant des noms tirés de la mécanique, il a appelé la première la statique sociale, et la seconde la dynamique sociale (1). La statique sociale étudie les sociétés telles qu'elles sont à un moment donné, dans le présent par exemple. La dynamique sociale les suit dans leur évolution à travers le temps, elle descend pour elles le cours du passé. Bien entendu, la statique sociale ne peut exister qu'en vertu d'un effort d'abstraction : aucune société n'est pleinement intelligible que si l'on connaît son histoire. On peut provisoirement mettre de côté celle-ci pour décrire les phénomènes sociaux actuels qui se déroulent sous les yeux de l'observateur. Mais il faudra toujours, à un certain moment, réintégrer ces derniers dans la chaîne du déterminisme historique.

Les expressions ainsi employées par Auguste

____

1. *Cours de Philosophie positive*, notamment XLVIIIᵉ leçon.

Comte ne sont peut-être pas irréprochables. Notamment, on a relevé ce fait que, pour user correctement des termes de la mécanique, il aurait dû appeler cinématique sociale, ce qu'il a dénommé dynamique sociale. Mais enfin, ces expressions ont aujourd'hui passé dans l'usage courant. Et elles répondent à une distinction exacte. Sans doute, dans la réalité, l'évolution d'une société est continue. Seulement, pour l'étude, elle est fragmentable. Rien n'interdit de prendre des « instantanés » en divers points de sa marche, à condition de les rapprocher ensuite. Il y a même intérêt, pour la netteté des images, à faire ainsi. On peut donc maintenir la division des études sociales en statique et en dynamique, pourvu qu'on n'oublie pas que sa valeur est toute provisoire.

Mais, avec cette division, Comte a essayé d'en faire concorder une autre. De même, dit-il, que la mécanique se divise en statique et en dynamique, de même la biologie se divise en anatomie et en physiologie. L'anatomie, étude des structures, montre les éléments de l'organisme dans leurs connexions stables. La physiologie, étude des fonctions, fait voir ces mêmes éléments dans leur mouvement et leur vie. L'anatomie est donc de la statique, et la physiologie est de la dynamique (1).

____

1. *Ibidem.*

L'on pourrait ainsi diviser la sociologie en anatomie sociale et en physiologie sociale.

Les plus grands esprits ont leurs instants d'illusion, et ce n'est pas leur manquer de respect que
de le montrer. L'assimilation faite par Auguste
Comte n'est pas complètement juste. Elle ne
renferme qu'un élément de vérité, et à côté de lui
elle contient un élément d'erreur, qui a longuement pesé sur la sociologie. Nous avons été,
croyons-nous, le premier à le mettre en lumière (1) et depuis lors nous avons eu la satisfaction de voir certains des disciples les plus autorisés
de Comte le reconnaître à leur tour. Ce qui est
vrai dans cette dernière pensée de leur maître,
c'est que le fonctionnement de l'organisme vivant
est une source de transformations au sein de cet
être. Ce qui ne l'est pas, c'est que les structures
restent, même en principe, immuables. En réalité,
tout change incessamment, dans l'organisme
comme dans la société. Une structure existe à un
moment donné ; elle entraîne un certain fonctionnement ; mais le jeu de celui-ci amène immédiatement chez elle des modifications, qui se répercuent ensuite sur lui-même. L'objet de l'anatomie
st donc tout aussi peu que celui de la physiologie

---

1. Dans notre *Philosophie des sciences sociales*, t. I, chap. X.

soustrait au devenir ; il relève donc également de la dynamique, et ce n'est, pour lui aussi, que par abstraction que l'on peut parler d'une étude statique.

La vraie division des études sociologiques va, dès lors, nous apparaître. Elle est quadripartite, et non pas bipartite ; ou plutôt, elle est deux fois bipartite. La distinction de la statique sociale et de la dynamique sociale se justifiait, nous l'avons vu. La distinction de l'anatomie sociale et de la physiologie sociale ne se justifie pas moins : car il y a lieu de distinguer, chez les sociétés aussi bien que chez les individus, des structures et des fonctions, des éléments et des actes. Mais ces deux distinctions ne concordent pas. Elles ne s'opposent, d'ailleurs, pas davantage. Elles se superposent plutôt. La seconde s'insère parfaitement à l'intérieur de la première. On peut étudier la société, soit à un moment donné, soit à travers le temps ; dans le premier cas, on fait de la statique ; dans le second, de la dynamique. Mais, qu'on se place à un seul point de l'histoire, ou qu'on en suive le déroulement entier, il faudra étudier tour à tour des formes sociales et des fonctions sociales, faire de l'anatomie, puis de la physiologie. Ainsi, soit en statique sociale, soit en dynamique sociale, la distinction de l'anatomie sociale et de la physio-

logie sociale s'imposera. Les deux divisions que
la sociologie peut se donner à l'image de la mécanique et de la biologie, se concilient donc. Et,
comme il fallait s'y attendre, d'après les principes
mêmes d'Auguste Comte, c'est la plus générale de
ces deux dernières sciences, la mécanique, qui a
indiqué la division primordiale, celle sous laquelle
l'autre division, tirée de la biologie, peut logiquement trouver place.

Voilà, de la sorte, indiquée une classification
générale et scientifique des études sociales. Nous
ne croyons pas nous être, en la donnant, éloigné
de notre sujet. Car nous avons ainsi fourni un
exemple important de l'usage qu'il convient de
faire des considérations biologiques en sociologie,
en les conciliant avec celles que l'on peut tirer de
sciences différentes.

III

On a reconnu, par les indications précédentes,
que des deux points de vue, statique et dynamique,
auxquels on peut se placer pour constituer la
sociologie, c'est le point de vue dynamique qui
seul donne l'aspect intégral des choses. Ainsi donc,
dans une société, c'est moins son ordonnance

momentanée que son évolution historique qui importe à la science. Nous nous attacherons par suite, désormais, aux considérations d'ordre évolutif, et nous chercherons quels sont les principes d'origine biologique qui dominent l'évolution sociale.

Pourtant, avant d'ouvrir notre enquête à leur sujet, il convient de nous mettre un instant au point de vue statique, afin de n'être pas accusé d'omettre volontairement tout un côté de la sociologie. Si donc nous nous tournons de ce côté, nous apercevons immédiatement que ce qui frappe le plus dans une société considérée à un moment donné de son existence, c'est le *consensus* de toutes ses parties. Regardons les éléments ou envisageons leur activité, examinons les structures ou décrivons les fonctions, faisons de l'anatomie ou de la physiologie : au milieu de la diversité nous trouvons partout la cohésion. Les membres d'une même société se répartissent les tâches à accomplir, ils échangent entre eux leurs produits, leurs efforts concourent à un but commun, il règne entre eux une incessante solidarité de fait. Or c'est là aussi — on le sait de reste — ce qui caractérise les membres de l'organisme. Depuis qu'Henri Milne Edwards a emprunté à l'économie politique le terme de division du travail, pour le transporter en physiologie, on n'hésite plus à reconnaître sur ce point fondamental l'identité des vues générales des deux sciences. C'est dire qu'à la base de la statique sociale on trouve un principe que la biologie revendique aussi comme sien.

Passons maintenant à la dynamique sociale. Elle aussi, ce nous semble, a des principes bien établis. Nous n'osons pas tout à fait dire des lois, car ce dernier terme implique, dans la formule par laquelle la loi se traduit, une précision quasi-mathématique à laquelle le domaine social semble jusqu'à présent répugner. Mais du moins nous pouvons parler de principes, aussi fermement assis dans leur généralité que le principe de la division du travail lui-même, et suffisants pour résumer un très grand nombre de faits, pour constituer l'ossature d'une science d'observation. Eh bien ! ces principes sont tous, à leur tour, d'ordre biologique. Nommons-les dès maintenant, tels que nous les constatons et dans l'ordre d'importance respective que nous leur attribuons. Ce sont le principe d'adaptation, le principe d'hérédité et le principe de sélection.

Au terme de l'ouvrage qui l'a immortalisé, Charles Darwin, résumant les lois de l'évolution des organismes, s'exprimait ainsi : « Ces lois, prises dans leur sens le plus large : c'est la loi de croissance et de reproduction ; c'est la loi d'hérédité, presque impliquée dans la précédente ; c'est la loi de variabilité sous l'action directe ou indirecte des conditions extérieures de la vie et de l'usage ou du défaut d'exercice des organes ; c'est la loi de multiplication des espèces en raison géométrique, qui a pour conséquence la concurrence vitale et la sélection naturelle, d'où suivent la divergence des caractères et l'extinction des formes spécifiques (1). »

Cette énumération de Darwin n'a besoin que de quelques retouches pour nous convenir parfaitement. Nous mettrons au premier plan l'adaptation, le principe dont Lamarck a montré admirablement la portée biologique et auquel Darwin lui-même a fait une place dans la liste précédente, en l'appelant variabilité sous l'action des conditions extérieures. A l'adaptation, nous rattacherons la croissance, dont la reproduction est la suite. Nous trouverons, avec divers biologistes, une autre variabilité liée au jeu de l'hérédité elle-même. Nous essaierons de ramener à une juste mesure, l'importance de la concurrence vitale et de la sélection naturelle. Nous aurons peut-être aussi à signaler, en terminant, le rôle de quelques

______

1. *L'Origine des Espèces*, chap. XIV, § 6, dernières remarques.

facteurs secondaires. Mais, en somme, ces transpositions, ces réductions, ces additions, ne nous empêcheront pas de reconnaître à la formule de Darwin, qui vient d'être citée, une valeur de premier ordre. C'est une bonne fortune pour nous de pouvoir nous appuyer sur les conclusions d'un biologiste aussi éminent par l'étendue et la sûreté de son savoir que par la pénétration de son génie.

CHAPITRE II

L'ADAPTATION

SOMMAIRE. — I. Importance de l'adaptation sociale. Ses caractères généraux. — II. A quoi, dans la vie sociale, l'individu s'adapte. — III. Comment il s'adapte. — IV. Dans quelle mesure il s'adapte. — V. L'adaptation des groupes. — VI. La croissance et le déclin.

I

L'adaptation est, à ce qu'il nous semble, le fait le plus répandu dans l'existence sociale. Déjà, en statique sociale, elle joue un rôle de premier ordre. Car la solidarité de tous les éléments, nous l'avons vu, est la première constatation de l'anatomie sociale et leur action coordonnée, leur synergie, est la première constatation de la physiologie sociale. Or, la solidarité des éléments, c'est l'adaptation des structures, et l'action coordonnée, c'est l'adaptation des fonctions les unes aux autres. Mais, la primauté de l'adaptation devient, s'il est possible, plus frappante encore en dynamique sociale. L'évolution, en effet, c'est à la fois le changement dans la structure et la modification du fonctionnement. Or, quelle est la cause de ce changement structural et de cette modification fonctionnelle ? C'est, chez l'être intelligent et raisonnant qu'est l'homme, le désir de s'adapter d'une façon plus complète à son milieu, d'en utiliser mieux le contenu à son propre profit. Et quel est le résultat de ce changement et de cette modification ? C'est d'établir entre l'individu et son milieu un mode d'équilibre nouveau ; celui-ci n'est pas forcément supérieur, car l'homme peut s'être trompé dans son calcul et, d'ailleurs, la notion de supériorité est à la fois relative et subjective ; mais enfin, il constitue une réadaptation provisoire. En un mot donc, l'adaptation est à la fois le but et le résultat de tous les efforts humains dans le mouvement social. Chaque étape de l'évolution collective se définit par la formule d'adaptation qui s'y trouve réalisée.

Deux traits principaux caractérisent l'adaptation, dans l'existence sociale comme dans l'existence organique : 1° elle est continue ; 2° elle est réciproque. Expliquons-nous. L'adaptation, disons-nous d'abord, est un phénomène continu. En effet, il n'existe aucune stabilité dans la nature, où des changements s'opèrent à chaque instant. Le milieu social est même le plus instable de tous, car il est le plus complexe, donc celui qui présente le plus d'éléments susceptibles de varier, et en outre, il est dominé par l'intelligence, laquelle est avide de mouvement. Il résulte de là qu'aucune adaptation ne peut durer indéfiniment. Sans doute, suivant l'expression de Spencer, tout arrangement met obstacle à un arrangement nouveau. Pourtant, on peut être sûr qu'un réarrangement s'imposera tôt ou tard. Aussi le processus d'adaptation ne connaît-il pas de terme. Il peut présenter, ici ou là, des arrêts momentanés. Mais ceux-ci ne sauraient être que locaux, partiels et éphémères.

En second lieu, disions-nous, l'adaptation est réciproque. L'individu subit l'action de son milieu social, organique ou cosmique : il se modifie pour s'y adapter. Mais, en même temps, il exerce sur ce milieu une certaine réaction : il le modifie à son tour et dans une mesure plus ou moins large il l'adapte à lui-même. Déjà palpable dans la vie organique, ce fait prend dans la vie sociale une ampleur considérable. L'homme d'énergie améliore l'ambiance par son travail : il transforme le sol, les espèces végétales et animales qu'il porte, les eaux qui le traversent et même, à certains égards, l'atmosphère qui l'entoure. L'individu de génie fait sentir son action à ses contemporains

les plus distants et à la postérité la plus lointaine.
Leur milieu les avait formés ; ils réforment leur
milieu.

II

Ces principes posés, il nous faut aller plus avant.

Essayons donc de résoudre, à propos de l'adaptation sociale, quelques nouveaux problèmes. Dans la vie sociale, à quoi l'homme doit-il s'adapter ? Par quels procédés le fait-il ? En quelle mesure y réussit-il ? En un mot, quels sont les buts, les moyens et les résultats de son adaptation ?

Le milieu auquel l'homme doit s'adapter est, on le sait déjà, très complexe. Nous venons à l'instant d'y distinguer trois termes : le milieu cosmique, le milieu organique, le milieu proprement social. Attachons-nous à ce dernier. Il est constitué, pour chaque individu humain, par ceux que l'on nomme ses semblables. Mais quelles en sont au juste l'étendue, les limites et la composition? La réponse à ces questions variera avec les cas. Dans les très petits groupes, qui ont dû exister au début de l'humanité et qui existent encore chez les sauvages inférieurs, le milieu social est fort restreint ; il ne comprend que quelques êtres. Dans nos grandes sociétés civilisées, il n'en va naturellement plus de même;

mais le cercle dans lequel l'adaptation se fait n'a pas des dimensions identiques pour les hommes de tout âge et de toute condition. L'enfant n'a d'abord à s'adapter qu'au groupe étroit de sa famille immédiate, puis au groupe déjà plus large des enfants de son âge. Un peu plus tard, ses relations sociales se développeront, et, à mesure qu'il avancera dans la vie, son cercle social ira normalement en s'étendant. Jeune homme, puis adulte, il apprendra à se reconnaître membre de groupes variés, de sa commune, de sa profession, de sa classe, à entrer dans des associations volontaires, à fraterniser avec tous ses concitoyens. Peut-être même finira-t-il par sentir son lien avec l'humanité entière. Le campagnard, sans doute, n'aura probablement jamais qu'un horizon social fort borné. Mais, pour le citadin, surtout s'il a reçu une haute éducation intellectuelle, cet horizon pourra s'élargir en quelque sorte jusqu'à l'infini.

A chacun de ces stades, l'adaptation prend un nom différent. Dans l'enfance, c'est l'éducation familiale ; puis, c'est l'éducation scolaire. Dans l'adolescence, c'est l'apprentissage. Dans l'âge mûr, c'est l'exercice de la profession, c'est « la carrière ». Enfin, la formation dernière, celle qui nous donne le sens de la vie mondiale, s'opère par les voyages, la lecture, la méditation.

On ne manquera pas de remarquer à ce sujet un
nouvel et curieux parallélisme de la vie sociale et
de la vie individuelle. Le développement organique
est dominé par la célèbre loi biogénétique, en
vertu de laquelle l'ontogénie répète la phylogénie,
c'est-à-dire que l'évolution actuelle de l'individu
reproduit en abrégé les principales phases par les-
quelles a passé l'évolution de son espèce. Or, le
développement social est soumis à la même loi.
Les formes sociales, tout comme les formes organiques, ont mis longtemps à se constituer. De très
petits groupes ont seuls existé à l'origine ; les dimensions des agglomérations humaines ne se sont
accrues que progressivement ; il a fallu bien des
siècles pour en arriver aux vastes Etats d'aujour-
d'hui, et pour entrevoir l'idée d'un genre humain
unifié. Des types sociaux très nombreux se sont
succédé : ceux de la famille, de la tribu, de la cité,
de la nation, en attendant celui de l'humanité,
pour ne citer que les principaux. Eh bien ! la suc-
cession de ces types, nous la retrouvons en une
certaine mesure, fort condensée naturellement, dans
l'évolution de la pensée individuelle. L'enfant se
sent d'abord le congénère de ses seuls parents im-
médiats, puis de ses voisins ; l'adulte, de ses concitoyens, puis de ses compatriotes, un jour peut-être
de tous ses semblables. Les progrès de la sociabilité

chez l'individu sont ainsi le reflet des progrès de la « socialité » chez la race. La « conscience d'espèce » s'élargit successivement en chacun de nous, comme elle s'est élargie au cours des temps dans l'humanité.

On peut encore, en terminant sur ce point, donner de ces phénomènes une dernière expression schématique. L'adaptation, pourrait-on dire, prend trois formes essentielles. Pour l'enfant, par l'éducation. elle résume le passé. Pour l'adulte, par la vie professionnelle, elle organise le présent. Pour quelques natures d'élite, par la réflexion. elle prépare l'avenir.

III

Quel est, maintenant, le processus de l'adaptation ? Lamarck l'avait déjà fort bien aperçu (1) et ses vues à cet égard valent pour l'adaptation sociale comme pour l'adaptation biologique. Voici comment ce processus nous paraît pouvoir se résumer.

A l'instant initial considéré, un être vivant se trouve placé dans un certain milieu, avec lequel il

_____

1. *Philosophie zoologique*, chapitre VII : « De l'influence des circonstances ».

est en équilibre. Les circonstances extérieures viennent à changer. Par là même, les besoins de l'être étudié changent aussi. Il va être amené de la sorte à modifier ses habitudes. Cela aura une répercussion sur ses organes. Ces derniers se transformeront peu à peu, et en s'accumulant leurs petites transformations finiront par produire une altération profonde de tout son être.

Lamarck ajoute que ces phénomènes ne doivent pas être envisagés chez un seul individu, mais dans toute la suite des générations qui forment l'espèce. En effet, dit-il, quand ces petites modifications sont communes aux deux sexes, elles se transmettent aux descendants issus de leurs unions. Puis elles s'accentuent chez ceux-ci, par l'effet des circonstances qui leur sont propres. De la sorte, par l'accumulation séculaire des variations, il se produit des êtres qui diffèrent extrêmement de leurs lointains ancêtres.

En définitive, le processus complet de l'adaptation aux circonstances extérieures comprend trois termes. D'abord, l'être réagit à toute excitation du milieu par un mouvement approprié. Puis, si ce mouvement s'est produit un certain nombre de fois dans le même sens, une habitude en naît : voilà pour le côté physiologique de l'opération ; et en même temps une conformation nouvelle des structures est réalisée : voilà pour le côté anatomique. Enfin, si ces changements se sont produits à la fois chez deux êtres de sexualité différente, leur produit en bénéficie : voilà pour le côté embryologique. Réaction immédiate, habitude acquise, conformation devenue héréditaire, telles sont donc les trois phases successives de l'adaptation. Dès lors, on le voit, l'adaptation rejoint l'hérédité et se complète par elle.

Dans un semblable processus, quel est l'organe qui joue le rôle essentiel ? Les biologistes répondront sans hésiter : le système nerveux. C'est lui en effet dont les perfectionnements marquent le mieux, dans toute la série animale, le progrès général de l'être. Ils y sont, à la fois, le résultat de l'adaptation de tout l'individu à son milieu, et la source de nouveaux gains dans les étapes ultérieures de cette adaptation. On ne s'étonnera donc pas si, en ce qui concerne la vie sociale, la première place dans le processus adaptatif revient à l'intelligence. C'est la supériorité intellectuelle qui caractérise l'espèce humaine parmi toutes les espèces animales et, au sein de la première, les groupes et les individus privilégiés. L'adaptation sociale se fait, presque tout entière, consciemment. Cette conscience elle-même a ses degrés. Il y a la demi-conscience des réflexes simples, des réactions spontanées. Par exemple, l'individu imite presque fatalement ses semblables, notamment ses supérieurs, et l'on a cherché ingénieusement à montrer dans ces imitations la base de toute sociabilité (1). Par exemple encore, l'expérience amène l'homme à prendre ou à rectifier presque automatiquement certaines attitudes. Mais ces mouvements eux-mêmes, quoique presque instinctifs, sont cependant sentis et voulus ; qui plus est, les derniers dérivent de mouvements originaires qui furent, eux, pleinement conscients ; c'est l'habitude qui a, chez eux, émoussé la conscience. En tous cas, les actes d'une plus haute portée, ceux qui marquent un progrès notable dans l'adaptation, ont exigé pleine conscience et précise volonté. C'est par la raison que se déterminent toutes les démarches importantes de la vie sociale, c'est par elle que l'homme arrête les principes de sa conduite envers ses semblables. L'adaptation revêt à si haut point dans l'humanité un caractère intellectuel, que chez certains individus d'élite elle apparaît comme étant exclusivement mentale. Des penseurs estiment que le but de leur vie doit être d'arriver à tout comprendre, c'est-à-dire à

---

1. G. Tarde, *Les lois de l'imitation*.

adapter leur intelligence à toutes les formes de la réalité, à s'unir par l'esprit avec tout ce qui existe, sans chercher d'autre satisfaction que celle de la pure connaissance.

Toutefois, il est à peine besoin de le dire, ce ne peut être là qu'une conception tout à fait exceptionnelle. L'adaptation se fait en principe, non par l'intelligence seule, mais par l'action, à laquelle l'intelligence sert simplement de guide. Elle a pour but l'obtention de satisfactions qui sans doute sont toutes à leur terme mentales (puisque toute satisfaction est une émotion, c'est-à-dire un fait psychique), mais qui supposent réalisé un certain nombre de faits matériels, par exemple l'acquisition de richesses de divers ordres. La science économique est l'étude de la manière dont les hommes se comportent vis-à-vis de ces richesses, dont ils les produisent, les font circuler, se les répartissent et finalement les consomment ; elle examine l'adaptation du genre humain dans l'ordre « chrématistique ».

Et il y a un autre ordre d'adaptation qu'ici nous pouvons encore moins négliger : c'est l'ordre « somatique ». L'homme, a-t-on dit, est une intelligence servie par des organes. Tout naturellement, ses organes se perfectionnent en même temps que son esprit. On les voit progresser à mesure qu'on s'élève dans la série des races humaines. Le volume du crâne grandit, le poids du cerveau s'accroît, l'angle facial se rapproche de 90 degrés, le prognathisme recule devant l'orthognathisme, la stature tend de plus en plus vers la verticale. Dans une même race, les inégalités sociales marquent leur empreinte sur la structure anatomique : les classes pauvres sont d'ordinaire moins heureusement conformées que les classes riches, ce qui peut s'expliquer par leur alimentation défectueuse (1). Même à égalité de fortune, la distinction des professions suffit à différencier, au physique, deux individus de même âge. Un journalier agricole et un ouvrier d'usine, un paysan propriétaire et un commerçant de la ville, un officier et un professeur se distinguent d'ordinaire l'un de l'autre à première vue. C'est qu'ils se sont adaptés à des milieux différents, et que les habitudes prises ont eu leur répercussion jusque sur les attitudes extérieures.

IV

Dans quelle mesure les hommes réussissent-ils à s'adapter ? La question ne comporte pas, à coup

---

1. Alfredo Niceforo, *Les classes pauvres.*

sûr, une réponse unique. Car les résultats obte-
nus diffèrent beaucoup, suivant les êtres que l'on
considère. Parfois ces résultats sont remarquables,
parfois ils sont passables, parfois ils sont presque
nuls. On peut s'en convaincre en envisageant, soit
l'adaptation d'une collectivité d'individus, soit celle
d'un individu isolé.

Certains groupes ont révélé, quand ils ont été
transportés hors de leur région d'origine, des facultés d'adaptation et de transformation étonnantes.
Nous parlons ici, bien entendu, moins de l'accli-
matation que de l'adaptation proprement sociale.
Ainsi le Northmann, parti de Scandinavie, s'est
adapté à la vie française et a, sur notre sol, produit le Normand, qui diffère sensiblement
aujourd'hui de ses congénères septentrionaux. A
son tour, transplanté en Grande-Bretagne, le Normand a engendré l'Anglais, qui a, par rapport à
lui, une originalité bien marquée. Et l'Anglais,
ayant colonisé l'Amérique du Nord, a plus tard
produit le citoyen des Etats-Unis, nouvelle variété
humaine très caractérisée, au physique comme au
mental. Sans doute, des croisements sont pour
quelque chose dans la création de ces types ethniques. Mais savoir s'unir par le sang à la population autochtone, c'est aussi, pour l'envahisseur,
une façon de s'adapter. Il est d'autres groupes

qui ont moins bien réussi dans leur œuvre d'émigration. A côté de certains succès, la colonisation française en Algérie a donné de graves mécomptes. Il en est qui ont complètement échoué. Ainsi tous les petits groupements communautaires qui, depuis un siècle, ont essayé de réaliser le principe de la propriété collective sur de nombreux points du globe, ont dû finalement se dissoudre. Il y avait conflit trop direct entre ce principe et celui de la propriété privée, admis dans toute leur ambiance, pour qu'ils ne fussent écrasés.

Si maintenant nous considérons l'individu isolé, le même phénomène se retrouve. Dans une société donnée, l'un échoue, l'autre réussit. A vrai dire, le succès n'est pas un tout indécomposable ; il est, au contraire, fait d'une série d'adaptations partielles aux divers éléments du milieu ; tel homme peut s'adapter excellemment à l'un de ces éléments et médiocrement à un autre. C'est pourquoi il est impossible d'établir entre les individus un classement qui vaille pour toutes les facultés à la fois. Dans l'ensemble, pourtant, il y a évidemment des hommes supérieurs et des hommes médiocres. Le sot est l'individu qui, d'une manière générale, sait mal s'adapter à son milieu. L'habile homme, l'homme de talent est celui qui à l'inverse sait, d'une manière générale, bien s'y adapter. Si l'on pousse l'examen des cas jusqu'au bout, on dira que le fou est l'individu complètement inadapté et inadaptable, tandis que l'homme de génie est l'individu supérieurement adapté. En effet, en dépit de certaines manies qui ont fait quelquefois comparer l'homme génial au fou, la caractéristique du génie est précisément l'inverse de celle de la folie. Le fou vit hors du monde réel. L'homme de génie est l'expression la plus haute de ce monde. Car il est celui qui possède le plus complètement les qualités de son groupe et, par là même, celui qui le comprend le mieux et peut faire le plus pour hâter ses progrès.

Pour juger du degré de l'adaptation chez un individu ou un groupe, on doit tenir compte des deux caractères généraux que nous avons reconnus à l'adaptation au début de ce chapitre. Il faut se souvenir qu'elle est continue et qu'elle est réciproque. Elle est continue, c'est-à-dire qu'elle a sans cesse des perfectionnements à réaliser. Veut-on donc savoir si un être est bien adapté ? Il ne suffit pas de constater qu'il possède actuellement une certaine somme d'avantages, il faut chercher en outre s'il est resté apte à évoluer par la suite et à progresser encore, s'il a gardé quelque plasticité. Autrement, l'ankylose et la sclérification pourraient l'atteindre, et la dégénérescence aurait vite raison de lui. L'adaptation, d'autre **part**, est réciproque. C'est dire que l'être n'a pas seulement à s'adapter à son milieu, mais aussi à adapter son milieu à lui-même. De cette considération peut se tirer une mesure assez exacte des valeurs. L'homme insignifiant est celui qui n'a aucune action sur son milieu. L'homme médiocre est celui qui n'en a qu'une faible. L'homme de talent est celui qui sait en exercer une importante. L'homme de génie est celui qui en possède une immense dans l'espace ou dans la durée.

V

Dans le paragraphe qui précède, nous venons de considérer tant les groupes que les individus, au point de vue des différences qu'ils présentent dans leurs facultés d'adaptation. N'avons-nous pas, par là, attribué une existence collective au groupe ? Ne sommes-nous pas retombé dans l'organicisme ?

Non, en réalité. Car tout ce que nous avons dit à ce sujet peut subsister avec une interprétation fort différente de l'interprétation organiciste. Quand on parle de la faculté d'adaptation que présente un groupe, on doit entendre qu'il s'agit d'une faculté commune à tous ses membres. Il n'est aucunement nécessaire de supposer que le groupe possède des attributs propres, distincts de ceux des individus qui le composent. On peut admettre que c'est seulement pour la facilité du langage qu'on envisage le groupe, au lieu de traiter de ses éléments.

Mais, si nous voulions aller un peu plus loin et trouver à cette manière de parler une justification objective, nous ne manquerions pas ici de bonnes raisons. Car c'est justement en matière d'adaptation qu'il est facile de reconnaître au groupe social une véritable unité. Par deux ordres de considérations, on peut brièvement l'établir.

D'abord, les sociétés humaines forment des ensembles nettement séparés les uns des autres, par les conditions géographiques d'abord. mais aussi et surtout par la langue, les institutions, les traditions et les mœurs. L'on a beau parler de l'unité du genre humain, il suffit de passer la frontière pour s'apercevoir combien cette unité est loin d'être réalisée. Les sociétés ont entre elles des rapports de toute sorte, qui ne sont pas toujours, ni même le plus fréquemment, très cordiaux. Elles ont besoin les unes des autres, et ne sauraient s'isoler. Il leur faut donc s'adapter entre elles. Voilà constituée, de la sorte, une catégorie de faits d'adaptation importante. On doit lui faire une place à part, à côté des autres formes d'adaptation. On pourrait distinguer, par exemple, pour l'homme :

l'adaptation au milieu cosmique, l'adaptation au milieu biologique (espèces végétales et animales, l'homme excepté), l'adaptation au milieu social interne (c'est-à-dire aux hommes de la même société), l'adaptation au milieu social externe (c'est-à-dire aux hommes de sociétés étrangères). Nous venons de l'exprimer en langage individualiste, non en langage organiciste ; mais on voit que la considération des unités que constituent les sociétés y tient nécessairement sa place.

En second lieu, ces unités révèlent leur existence dans l'adaptation, non pas seulement au dehors, mais aussi au dedans. Car elles présentent toutes, plus ou moins, une certaine centralisation. Peut-être est-ce justement la lutte contre des unités sociales voisines qui a fait apparaître la nécessité de cette centralisation. En tous cas, elle s'est étendue depuis lors à bien d'autres domaines. De même que, dans l'organisme individuel, il s'est différencié de la masse somatique un système nerveux, puis de l'ensemble de celui-ci certains centres supérieurs, de même, dans la société humaine, il s'est différencié du corps de la nation un appareil de direction, et de celui-ci quelques dirigeants supérieurs. La société s'en est remise dans une certaine mesure à ceux-ci du soin de penser et de vouloir pour elle, en ce qui concerne plusieurs de ses intérêts vitaux. Naturellement, d'ailleurs, ces dirigeants ne sont pas seulement ceux de la vie politique, mais aussi ceux de la vie économique et de la vie intellectuelle (1). Ces diverses autorités président à l'adaptation collective de leurs concitoyens, lesquels, soit par imitation spontanée, soit par contrainte, soit par adhésion délibérée, suivent leur impulsion. L'adaptation apparaît ainsi comme un phénomène de masse, s'opérant en bloc dans une société donnée sur des points très nombreux. Evidemment, il reste des domaines réservés à l'action individuelle et, même au sein de l'action collective, il subsiste des différences individuelles d'exécution.

C'est aux sociétés humaines que s'appliquent ces considérations. Et nous avons entendu par là désigner ces vastes sociétés que constituent les nations modernes, celles qui sont organisées en Etats. Mais il faut ajouter que ces dernières ne sont pas les seules unités sociales. D'abord, dans le passé, la notion de société s'est appliquée à des groupes bien plus petits : cités, tribus, familles formaient alors des unités closes. Puis, même aujourd'hui, il subsiste à l'intérieur de nos na-

---

1. C'est la réponse à faire aux auteurs qui s'élèvent contre la comparaison du gouvernement de l'Etat avec le cerveau de l'organisme. Voir J. Novicow, *Conscience et volonté sociales*.

tions une foule de groupements subordonnés, mais importants encore : villes, professions, classes sociales, associations volontaires de toute espèce. Faut-il leur attribuer une réalité ? Encore une fois, nous ne voulons pas aborder la question — en quelque sorte métaphysique — qui se pose ainsi. Mais nous devons reconnaître que les choses se passent souvent comme si cette réalité existait. Non seulement les groupements contemporains, d'ordre économique par exemple, tiennent souvent du législateur la personnalité morale, mais ils témoignent très fréquemment, en fait, d'une vitalité collective, d'une solidarité interne, qui s'affirme d'ordinaire par leur conflit avec les groupements voisins, et qui les pose en véritables êtres distincts. Notamment au point de vue qui nous importe ici, ils manifestent parfois une faculté puissante de s'adapter aux nécessités que créent pour eux tant des circonstances économiques difficiles qu'une législation peu bienveillante ou une organisation politique défavorable. En tous cas, il ne saurait y avoir inconvénient à parler de leur activité collective si l'on fait au préalable ses réserves sur la portée qu'il faut attacher à ce terme, et si l'on indique qu'on n'entend par là qu'une activité commune à tous leurs membres.

VI

L'évolution individuelle de l'être se résume assez normalement en ces termes : naissance, croissance, apogée, déclin, disparition. La croissance est le fait, pour l'être, d'emprunter au milieu extérieur des éléments, de se les assimiler dans une mesure plus large qu'il n'en désassimule d'autres, d'accroître ainsi son contenu total et de pouvoir de la sorte le perfectionner par une différenciation plus haute de ses organes. Darwin, nous l'avons dit, a vu dans ce fait l'un des traits fondamentaux de la vie organique et nous estimons qu'il a eu raison. Nous pensons toutefois qu'on peut rattacher ce même fait au phénomène de l'adaptation. puisqu'il en dérive. L'être ne peut croître, en effet, qu'en puisant des forces dans son milieu, c'est-à-dire en s'adaptant à lui et en l'adaptant à soi. Aussi ne voyons-nous dans le principe de croissance qu'une suite logique du principe d'adaptation. La croissance et l'adaptation se rattachent à une même fonction physiologique : la nutrition.

Au reste, dans la vie sociale la croissance n'a pas moins d'importance que dans la vie organique. Croître socialement, pour un être humain, c'est grandir en puissance, en richesse, en influence, en éclat, en réputation. Pour un groupe humain, croître c'est s'agréger de nouveaux membres, soit par prolifération interne, soit par conquête, soit par annexion pacifique et volontaire. C'est vers la croissance que tendent, socialement, tous les efforts des individus et des groupes.

Mais la croissance a ses limites, aussi bien socialement qu'organiquement. En biologie, on voit les protozoaires se diviser dès qu'ils ont acquis une certaine masse ; on voit les êtres pluricellulaires arrêter leur croissance à une taille définie. Pareillement, en sociologie, on constate qu'un individu ne peut croître indéfiniment en autorité, qu'un groupe ne peut s'étendre outre mesure. Au delà d'un certain point, ils porteraient ombrage à trop d'intérêts rivaux, et une coalition se formerait contre eux, qui les réduirait à leur ancien domaine, ou même à moins. Aussi a-t-on pu parler d'une « loi de limitation » universelle des êtres et des collectivités (1).

Ce n'est pas tout. Non seulement la croissance doit s'arrêter à un certain moment, mais il semble que normalement elle doive faire place un jour au phénomène contraire, à celui de la décroissance.

---

1. Guillaume De Greef, *La loi de limitation.*

L'usure organique se produit chez tout être âgé ;
ses tissus s'affaiblissent, la décrépitude s'ensuit
et, même sans accident extérieur, la mort en est
la conséquence. Dans la vie sociale pareillement,
on voit l'individu subir le plus souvent, sur le
tard, une espèce de déchéance. Après avoir atteint
une sorte d'apogée, où il est dans tout le rayonne-
ment de sa force, il perd peu à peu certains éléments de celle-ci ; son action s'atténue ; de plus
jeunes, de plus favorisés, le supplantent partiel-
lement ; le déclin va s'accentuant ; l'élimination
se prépare et finalement s'impose.

Cette élimination s'accomplit plus ou moins bru-
talement. Chez certains sauvages, elle est radicale,
elle se fait par le meurtre du vieillard, elle le
retranche donc de la vie en même temps que de
l'activité. Chez les civilisés, elle est plus douce,
elle sépare le fait social du fait organique, elle
prépare celui-ci par celui-là : elle s'opère par la
mise à la retraite, qui met fin à l'activité du vieillard, en lui conservant certains moyens d'existence. Cette mesure permet le rajeunissement des
cadres sociaux, c'est-à-dire l'appel d'éléments
moins âgés, donc plus vigoureux, aux postes de
choix, et l'attribution du pouvoir à ceux qui ont
pleinement la force et les lumières nécessaires
pour l'exercer.

3.

Y a-t-il, pour les groupes, quelque chose de semblable ? Connaissent-ils forcément la décrépitude et, finalement, la mort ? La question est des plus embarrassantes. L'histoire nous fait assister à la décadence et à la disparition d'innombrables sociétés humaines. La logique toutefois ne prouve pas qu'il soit impossible à une société de se rajeunir sans cesse, puisque ses éléments sont à tout instant renouvelés, et par suite de subsister toujours, au prix d'incessantes transformations. Mais c'est une question qui ne se pose que pour ceux qui admettent la réalité du groupe social, et sur laquelle par suite nous n'avons pas à nous prononcer, puisque nous ne voulons pas ici prendre parti sur cette réalité contestée.

N'ajoutons plus qu'un mot. L'être individuel, bien qu'il ne puisse échapper à la nécessité de mourir, sait toutefois dans une certaine mesure éluder cette loi. En se reproduisant, il soustrait à la disparition une partie de son être. La reproduction, qui nous apparaissait déjà comme la continuation et la suite nécessaire de la croissance, nous apparaît maintenant comme la résistance à la mort. Ces deux aspects de la question sont d'ailleurs liés l'un à l'autre : ils représentent en effet, l'un, la face expansive, l'autre la face défensive du vouloir-vivre. Si la mort et déjà avant elle la retraite assurent le renouvellement des éléments organiques et sociaux, la reproduction assure d'autre part leur continuité. Une sorte d'équilibre s'établit ainsi entre les deux forces antagonistes, celui qui détruit et celle qui soutient, celle qui rajeunit et celle qui perpétue. Cet équilibre, cette conciliation partielle des contraires, c'est la loi la plus générale de la société, de la vie, et de la nature tout entière. Dans l'espèce, les deux forces antagonistes sont : l'adaptation, qui condamne les éléments caducs, n'ayant plus de plasticité, à disparaître devant de plus aptes ; et l'hérédité, qui maintient quelque chose des éléments anciens, sous la forme plus résistante de leurs descendants. Elles représentent le dualisme de la nutrition et de la reproduction. Nous venons de nous expliquer sur l'adaptation ; il faut donc passer maintenant à l'étude de l'hérédité.

CHAPITRE III

L'HÉRÉDITÉ

Sommaire. — I. L'hérédité conservatrice du type ancestral. Son rapport avec l'éducation. — II. L'hérédité novatrice : la transmission des caractères acquis. — III. L'atavisme. — IV. La variation individuelle dans l'hérédité. — V. L'hérédité des aptitudes et des situations. — VI. L'hérédité des groupes.

I

Dans la nature comme dans la société, le principe de l'hérédité est le principe conservateur par excellence. Par l'effet de l'hérédité, l'enfant reproduit les caractères de ses parents, comme ceux-ci reproduisaient déjà les traits de leurs propres auteurs. Naturellement le descendant ne peut avoir simultanément les particularités de tous ses ascendants, en ce que celles-ci ont d'individuel et même d'opposé entre elles. Mais il a toutes les particularités qui leur sont communes, toutes celles qui font d'eux des êtres de même espèce et de même race. Aussi peut-on dire que l'hérédité fixe, en les transmettant, le type spécifique et le type ethnique.

Ce point, parfaitement établi en ce qui concerne les caractères somatiques, ne l'est pas moins quant aux caractères mentaux. La persistance du tempérament national à travers les temps est un fait bien connu. Quelque innombrables croisements qu'ait subis leur race, les Gaulois ont légué un peu de leur esprit aux Français d'aujourd'hui. Comme au temps de César, nos concitoyens sont amoureux de beau langage et prompts aux révolutions. Et si déjà dans l'antiquité ces caractères leur étaient communs avec les Hellènes, on les retrouve encore chez les Grecs contemporains, bien que ceux-ci aussi aient une ascendance fort complexe.

Ce qui démontre mieux que tout la réalité de ce fonds mental hérité, c'est la résistance qu'il oppose à toute transformation de l'être qui le possède. On a essayé de modifier la mentalité des nègres par une éducation à l'européene. Les déceptions qu'on a éprouvées à cet égard ne se comptent plus. Il y a d'abord des cas isolés, mais frappants. Tel celui du petit nègre de Manille, cité par M. Ribot (1), qui, après avoir paru tout à fait assi-

---

1. *L'hérédité psychologique*, IIIe partie, chapitre II.

milé aux blancs, est retourné à son état primitif.
Il y a aussi des exemples collectifs. La république
de Libéria, formée de nègres américains rendus
à l'Afrique après éducation, les républiques d'Haïti
et de Saint-Domingue, formées d'hommes de couleur parvenus par leur propre effort à la liberté,
fournissent périodiquement de tristes spectacles,
qui font douter de la possibilité de maintenir parmi
ces populations même les apparences d'un régime
démocratique.

Seulement, on ne saurait oublier qu'il y a aussi
de remarquables exemples en sens contraire. Si
les races placées le plus bas sur l'échelle ethnique
ne sont pas capables de s'élever ni même de se
laisser élever plus haut, d'autres, qui ont déjà
par elles-mêmes une certaine culture, sont aussi
susceptibles de faire des progrès au contact de
plus avancées qu'elles. Ce semble être le cas
des races jaunes. Chacun connaît la surprenante évolution accomplie par le Japon depuis cinquante ans. Dans tous les domaines, en se mettant à l'école de l'Europe, il a su rejoindre ses
maîtres ; on dit qu'en quelques points il pourra
peut-être les dépasser ; en tous cas, il est dès maintenant admis dans leurs rangs. La Chine est à
coup sûr restée loin de lui ; pourtant voici qu'elle
sort à son tour de son immobilité séculaire et sem-

ble se mettre à marcher résolument dans la même voie. Sans doute, on assure que le fond de l'esprit et du caractère de ces populations n'est pas atteint : en nous empruntant nos procédés, ils garderaient leurs aspirations propres, ils copieraient nos moyens en conservant leurs fins ; c'est possible, bien qu'il soit difficile d'être fixé à cet égard ; mais qui prouve que dans quelques années la transformation n'aura pas pénétré plus avant qu'on ne saurait jusqu'ici le croire ?

Parmi les races blanches elles-mêmes, des faits analogues à ces derniers se rencontrent. Le cas des Juifs est particulièrement frappant. Ils formaient dans l'antiquité un peuple pasteur et guerrier. Depuis sa dispersion, ils s'adonnèrent au commerce et spécialement au moyen âge au commerce de l'argent, le seul que les lois leur permissent. De nos jours, la législation leur ayant ouvert l'accès de toutes les carrières, ils sont entrés en grand nombre dans les professions libérales et ne se distinguent plus du reste de leurs concitoyens par leurs occupations ordinaires. Ainsi leur orientation générale, leurs préoccupations courantes, se sont transformées avec les milieux dans lesquels ils ont été amenés à vivre.

Le cas des Japonais et celui des Juifs sont d'autant plus intéressants qu'il s'agit ici de races relativement pures. Nulle race n'est complètement indemne de croisement, mais ici ce phénomène est à son minimum. On ne voit pas quel apport de sang étranger aurait pu agir sur le Japon depuis cinquante ans. Quant aux Juifs, s'il est certain qu'ils ont fait beaucoup de prosélytes au temps de l'empire romain, et même postérieurement, il ne l'est pas moins qu'ils ont depuis des siècles cessé d'en faire et pratiqué une assez stricte endogamie. L'évolution dans les deux cas est donc d'origine purement psychique.

Enfin, un autre exemple à citer est celui de l'Angleterre moderne. L'Anglais du xv° siècle est agriculteur et soldat. L'Anglais du xx° est industriel et marin. Le premier est un sédentaire fixé dans son île. Le second est un colonial qui court le monde. Ici encore il n'y a pas eu, ou presque pas, d'apport de sang étranger. Mais il y a eu une transformation intellectuelle. Elle a été progressive et continue, elle s'est faite sous l'empire d'actions économiques, politiques, religieuses, etc..., fort complexes. — A coup sûr cependant, il reste chez l'Anglais d'aujourd'hui quelque chose de son aïeul d'il y a cinq siècles : entre autres, le flegme qui caractérisait ce dernier. Et il reste chez l'Israélite contemporain quelque chose aussi de l'Hébreu antique : la forte constitution de la famille patriar-

cale, par exemple, s'est maintenue chez lui plus
que partout ailleurs. Cela atteste la puissance de
l'hérédité, même chez les races qui se sont montrées
les plus susceptibles d'évolution, les plus capables
de s'adapter aux éléments très variés au contact
desquels les circonstances les ont placées tour à
tour.

Ainsi, en dépit de l'adaptation, l'hérédité maintient au moins une partie de l'esprit tradition-
nel des races. A vrai dire, une contestation ici peut
surgir. Est-ce bien l'hérédité, dira-t-on, qui le fait?
ou ne serait-ce pas plutôt l'éducation? Si les
enfants ressemblent mentalement à leurs parents
et à leurs ancêtres, est-ce parce qu'ils ont apporté
en naissant des prédispositions organiques en ce
sens, ou est-ce parce que pendant leur enfance et
leur jeunesse ils ont été dirigés par leurs auteurs?
La question ne nous paraît pas susceptible de rece-
voir une réponse scientifique dans l'état présent
de nos connaissances. Car, l'hérédité et l'éducation
agissant par hypothèse dans le même sens, on
ne voit pas comment on pourrait distinguer les
parts respectives qui reviennent à leurs deux actions. On ne saurait le tenter que par des raison-
nements qui manqueraient de base dans les faits.
Sans doute on pourrait instituer des expériences
pour leur en donner une. Il faudrait pour cela

prendre un enfant à sa naissance, l'élever loin des
siens, le suivre dans toute son existence, voir
si dans toute sa pensée et toute sa conduite se
retrouve plutôt l'inspiration de ses maîtres ou plutôt l'influence de ses ancêtres. Mais on sent bien
qu'une semblable expérience serait extrèmement
difficile, pour ne pas dire impossible à réaliser.
Supposons même qu'elle pût réussir ; il resterait
très hasardeux de conclure d'un cas isolé à la généralité, et du présent au passé et à l'avenir. Le
rapport de l'éducation à l'hérédité reste actuellement non déterminé. On ne doit pas décourager
les pédagogues en leur représentant leur tàche
comme condamnée à un échec par les prédispositions héréditaires : M. Guyau l'a fort bien montré (1). Mais on ne doit pas non plus se leurrer
de l'espoir de transformer immédiatement une race
par l'éducation. Si l'action de celle-ci veut être
efficace, il faut qu'elle se répète fréquemment et
sur une série ininterrompue de générations successives ; qu'elle attende la transmission des petits
progrès du père à son fils, pour faire réaliser à
celui-ci quelques nouveaux pas en avant ; qu'elle
s'appuie elle-même, par conséquent, sur l'hérédité.

------

1. Dans son livre : *Education et hérédité*.

II

L'hérédité s'est montrée à nous jusqu'ici comme étant en quelque sorte l'opposé de l'adaptation. Celle-ci est un facteur de changement ; celle-là est un facteur de stabilité. L'adaptation réalise l'unité, au moins partielle, des êtres dans l'espace ; l'hérédité assure l'unité des êtres dans le temps. Les comparant aux deux grandes forces dont la combinaison produit la gravitation universelle, Ernest Hæckel a nommé l'une la force centrifuge et l'autre la force centripète. Mais alors, comment pouvons-nous donner place à l'hérédité parmi les principes de l'évolution ? Ne semble-t-il pas au contraire qu'elle tende à empêcher toute transformation des êtres, qu'elle soit un principe antagoniste à celui de l'évolution ?

Cela est vrai dans une certaine mesure ; mais, dans une certaine mesure aussi, le contraire est également vrai. Car l'hérédité n'est pas seulement conservatrice ; elle est également, à d'autres égards, modificatrice et créatrice. Hæckel, que nous venons de citer, lui a lui-même reconnu ce double caractère (1). Il existe au moins trois ordres

_____

1. *Histoire de la création des êtres organisés d'après les lois naturelles*, IXᵉ leçon.

de faits dans lesquels elle se révèle comme un élément de transformation.

D'abord, elle ne fixe pas seulement chez un enfant les caractères que ses parents tenaient de leurs propres auteurs. Elle peut lui transmettre également ceux que ses parents ont acquis au cours de leur évolution individuelle. Nous savons combien cette affirmation paraîtra contestable à certains esprits ; la question à laquelle nous touchons est peut-être la plus controversée de la biologie contemporaine. Mais nous ferons en premier lieu observer avec quelle restriction nous parlons. Nous avons dit seulement que l'hérédité *peut* transmettre les caractères acquis ; nous n'avons pas entendu dire qu'elle les transmet forcément tous. Des discussions sans nombre qui se sont élevées à ce sujet, il nous semble en effet qu'il faut surtout retenir ceci. Il y a des caractères acquis, par exemple des traumatismes, qui ne se transmettent pas ; il y en a d'autres qui se transmettent. C'est apparemment que les premiers n'ont pas eu, tandis que les seconds se sont trouvés avoir un retentissement dans tout l'organisme suffisant pour affecter les organes de la génération et leur produit. Qu'on ne voie pas là une explication, qui pourrait paraître purement verbale, mais simplement l'expression d'un fait.

En second lieu, nous rappelons qu'ici nous nous plaçons moins sur le terrain de l'anatomie que sur celui de la psychologie. Or, si l'hérédité des caractères acquis fait doute entre les anatomistes, elle n'en fait guère entre les psychologues. L'un des plus autorisés parmi ces derniers, celui qui a écrit l'étude la plus importante sur l'hérédité psychologique, M. Th. Ribot, ne la met pas en discussion. Et de fait, il est certain qu'on trouve chez nombre de fils certaines qualités d'esprit qui distinguent leurs pères et qui avant ceux-ci ne se remarquaient pas dans la famille. Quand un talent apparaît chez un homme, il se transmet parfois à ses descendants, alors que rien ne l'annonçait chez ses ascendants. A la vérité, on peut soutenir que ce talent lui-même se transmet alors, moins par le fait de l'hérédité, que par celui de l'éducation ; et il est évidemment difficile de prouver le contraire, car l'éducation y a vraisemblablement sa part ; mais rien ne permet d'établir que l'hérédité n'y ait pas aussi la sienne.

En dehors de ces cas individuels, les faits collectifs que nous avons cités dans le paragraphe précédent militent en faveur de la même thèse. La transformation mentale des Anglais, des Juifs, des Japonais, prouve la transmission des caractères acquis. Il serait tout à fait irrationnel de suppo-

ser qu'à chaque génération l'éducation doit refaire
ici son œuvre, que ces groupes ethniques ne
reçoivent pas, avant toute éducation et par simple
hérédité, une conformation mentale qui chez les
pères n'est plus ce qu'elle était chez les ancêtres
éloignés.

Enfin, il faut noter ceci. L'hérédité ne peut
naturellement transmettre aux enfants les caractères acquis par leurs parents, qu'autant que cette
acquisition est antérieure à la naissance et même,
pour les caractères paternels tout au moins, à la
conception. Quand donc on ne retrouve pas chez
un enfant tel caractère, acquis par ses parents, il
faut, avant de s'en étonner ou d'en tirer argu-
ment, voir si son acquisition ne serait pas postérieure à la procréation du rejeton (1). En cette
question il faudrait pouvoir connaître toujours
l'état des parents au moment de la genèse de leur
enfant, ce qui est évidemment fort difficile. Un
point toutefois est certain. Depuis longtemps, la
psychologie populaire a reconnu des caractères
particuliers aux rejetons procréés par des parents
âgés. L'air prématurément sénile des « enfants de
vieux » est un fait acquis à la science. N'est-il pas
une preuve frappante de la transmission des carac-

____

1. N'est-ce pas pour cela que l'expérience des pères ne profite
pas aux enfants et que l'éducation doit refaire son œuvre à chaque génération ?

tères acquis, puisqu'il donne dès l'enfance à la postérité les traits que l'ascendance n'a pu prendre
qu'au cours de son évolution individuelle ?

III

L'hérédité est encore novatrice à un autre point
de vue. Elle entremêle les actions des divers ascendants et par là elle produit des résultats inat-
tendus. Ce phénomène est lui-même fort complexe et il importe de l'analyser, pour dégager
les éléments assez variés qu'il renferme.

L'on s'attend généralement à voir des enfants
ressembler à leur père. L'expérience prouvera
souvent qu'ils ressemblent au moins autant à leur
mère. De quelle manière se combinent les influences des deux parents ? C'est un point fort
discuté. Les uns parlent d'une action croisée, du
père sur la fille, de la mère sur le fils. Les autres
parlent d'une action mélangée de l'un des auteurs
sur une partie des organes et des facultés, du
second auteur sur le reste. Mais jusqu'à présent
aucune formule définitive ne paraît avoir été pré-
sentée. Ce qui est certain, c'est que l'amphigonie
ou génération sexuée amène forcément dans l'hérédité le concours ou le conflit de deux influences
directes.

Ce n'est pas tout. L'enfant ne ressemble pas seulement à ses deux parents. Il ressemble à ses grands-parents. Souvent même il leur ressemble, ou du moins il ressemble à l'un d'eux, plus qu'à ses propres parents. Anatomiquement et psychologiquement, le fait est très connu. Sociologiquement, il a d'importantes conséquences. Une génération humaine est souvent en réaction contre celle qui la précède immédiatement. Elle se rattache alors assez volontiers à celle qui venait aussitôt avant. Les fils, rejetant l'idéal de leur père, reprennent volontiers celui de leur grand-père. C'est ainsi que la dévotion a plus d'une fois engendré l'athéisme, et réciproquement. Nous sommes ici, semble-t-il, en présence d'un fait très général dans la nature. On connaît l'importance de la génération alternante en zoologie. On sait qu'en botanique ce fait a été l'origine de la théorie de la double individualité du végétal (1). Et voici qu'en sociologie nous en trouvons l'équivalent.

Allons plus loin. Un organisme peut rappeler, par certains traits de sa conformation, non plus seulement un grand-père, mais même un ancêtre éloigné. L'atavisme a de ces surprises. Eh bien ! l'analogue se découvre encore dans le monde so-

---

1. Gaston Bonnier, *Le monde végétal*.

4

cial. Parfois l'imitation se porte sur un modèle très lointain. En philosophie, on a remis de nos jours à la mode des théories de Platon, d'Aristote, de Saint-Thomas d'Aquin. En politique, la révolution française a souvent entendu s'inspirer de Sparte ou de Rome : le tribunat, le consulat, prenaient à celle-ci au moins leur nom. Certains auteurs, MM. Paul Weisengrün et Casimir de Kelles-Krauz, ont même fondé sur ces faits une théorie, celle de la « rétrospection révolutionnaire », en vertu de laquelle une révolution serait en principe un retour au passé (1).

Dans le même ordre d'idées, Henri de Saint-Simon et Auguste Comte avaient formulé la loi de l'alternance entre les périodes organiques et les périodes critiques. Selon eux, un peuple se construit peu à peu, au cours des siècles, un type social offrant des garanties de stabilité. Puis il le détruit. Ensuite, il est obligé d'en créer un autre. Tel serait le cas de la France, avec l'ancien régime, la révolution, et le régime nouveau. Il y a là quelque chose d'analogue au phénomène biologique de la génération alternante. Il faut, il est vrai, remarquer

---

1. Casimir de Kelles-Krauz, *La psychiâtrie et la science des idées ; La loi de la rétrospection révolutionnaire;* mémoires parus dans les tomes I et II des *Annales de l'Institut International de Sociologie.*

que dans les périodes organiques plusieurs générations humaines sont comprises ; mais cela ne détruit pas le principe de l'analogie, car il se trouve des cas semblables dans l'animalité : chez les pucerons on voit se succéder parfois jusqu'à douze générations asexuées, avant que l'alternance ne ramène une génération sexuée. — Enfin, on ne doit pas oublier que Vico, dans sa théorie des *Ricorsi*, avait déjà indiqué le retour périodique de l'humanité aux formes sociales du passé.

Bien des phénomènes pourraient encore être signalés dans des domaines voisins. On rappellerait les cas de ressemblance d'un enfant avec son oncle, avec son cousin germain, ce qui dérive apparemment de ce que tous deux reproduisent les traits d'un ancêtre actuellement oublié. On citerait aussi le curieux phénomène de la « télégonie », également appelée « hérédité d'influence », où l'enfant qu'une femme a de son second lit rappelle les traits d'un premier époux. Mais ce sont là plutôt des singularités, et elles ne paraissent pas avoir une grande portée, bien que la dernière ait été l'origine d'une théorie sociologique (1). Tenons-nous en à cette constatation générale indéniable : les influences qui entrent en

1. Jacques Flach, *Le lévirat et les origines de la famille*, 1900.

jeu dans l'hérédité sont si multiples que l'auteur immédiat n'est pas toujours celui auquel le rejeton ressemble le plus.

IV

Reste enfin une dernière série de considérations, qui peuvent montrer l'hérédité dans son œuvre créatrice.

Les enfants de deux auteurs déterminés ne sont pas identiques entre eux. Même si l'on tient compte de la différence des âges auxquels leurs parents les ont procréés, il reste souvent de l'un à l'autre des différences inexplicables. Pourquoi y a-t-il tant d'inégalité entre deux frères qui ont suivi la même carrière ? Entre Pierre Corneille, par exemple, et son frère Thomas ? Comment, dans une famille aussi douée que celle des Bonaparte, naît-il d'un même couple un homme de génie, deux hommes de talent et deux hommes médiocres ? Les conséquences sociales de faits semblables peuvent être considérables. Leurs raisons biologiques nous échappent. Mais en lui-même le fait n'est pas susceptible de contestation. Et pendant longtemps on a cru qu'il était de nature à faire échec au principe d'hérédité, qu'il n'était explicable que par l'intervention d'un principe opposé, appelé le principe d'innéité, en vertu duquel chaque homme apportait en naissant un élément propre, qu'il ne tenait pas de ses ancêtres et qui constituait le don spécial que la nature lui avait fait.

Pourtant, ce fait n'est pas spécial à l'humanité. Toutes proportions gardées, il se retrouve dans l'ensemble des êtres vivants. Entre deux chiens d'une même portée, entre deux plantes de jardin issues de graines de la même capsule, il existe souvent des différences de couleur et de port considérables. Elles s'accompagnent parfois de différences importantes dans la structure intérieure. Ces faits ont été l'origine des théories de Nægeli, puis de Weissmann, qui ont insisté sur ce qu'il y a d'original, d'individuel, dans la constitution de tout œuf. Récemment, il est venu s'y ajouter un phénomène remarquable quoique exceptionnel, celui des mutations. Le botaniste hollandais Hugo de Vries, en cultivant un lot de plants d'*Œnothera Lamarckiana*, constata que certains de leurs descendants affectaient des caractères notablement distincts : il fut amené même à constituer avec ceux-ci une dizaine d'espèces différentes, dont la postérité ne retourne pas au type initial (1). A vrai dire, les distances sont minimes dans la cir-

1. Voir son livre : *Espèces et variétés*, traduit en français par L. Blaringhem.

4.

constance, mais les travaux de Jordan étaient arrivés à multiplier extrêmement le nombre des espèces et à faire penser que leurs différences, même infimes, se maintenaient intangibles par l'hérédité. Voici donc qu'il faut abandonner cette illusion et admettre qu'une espèce peut, dans des circonstances jusqu'ici rarissimes, mais pourtant en culture pure et en dehors de tout croisement, donner des rejetons d'une autre espèce. — Admirable coïncidence ! Lorsque ce fait si étrangement nouveau s'est produit, il s'est trouvé que la plante qui permettait de le constater était une de celles que Lamarck avait le premier décrites et qui portent encore son nom. Le grand investigateur, méconnu de son temps, dont la France et l'univers savant viennent de fêter le centenaire, eût-il pu espérer que la nature elle-même, en produisant ce phénomène de variation qui dépasse ceux qu'il avait expliqués, rendrait aussi cette sorte d'hommage à la vérité de ses théories ?

L'ensemble de ces faits prouve, avons-nous dit, qu'il n'y a rien de spécial à l'homme dans la diversité des êtres issus d'auteurs communs. Du même coup, il nous met sur la voie de l'explication scientifique de cette diversité. Et cette explication, c'est encore à l'hérédité qu'on doit la demander. Il faut admettre, pensons-nous, que par l'ef-

fet de l'adaptation les individus n'acquièrent pas
seulement des caractères qui se révèlent d'une façon patente, mais aussi certains autres qu'ils portent en eux d'une façon latente, à l'état de simples
virtualités. Que les circonstances soient favorables,
et celles-ci se révèleront en eux.Qu'elles soient contraires, ils ne les manifesteront point eux-mêmes,
mais du moins ils les transmettront, toujours à
l'état potentiel, à leurs descendants. En ceux-ci,
elles pourront sommeiller et peut-être s'éteindre.
Mais viennent des jours propices, et elles y paraî-
tront en pleine lumière. Elles pourront faire passer la plante dans une autre espèce que celle de
ses auteurs et de ses congénères. Elles pourront
faire un homme de génie du fils et du frère d'une
médiocrité. Rien n'est perdu dans la nature. Ce
qu'elle a préparé aura toujours son heure pour
mûrir et grandir. Aussi ne se presse-t-elle pas toujours de le réaliser pleinement. Elle a les siècles
pour le faire. D'elle surtout on peut dire : *patiens,
quia æterna.*

V

Nous venons d'examiner la nature du principe
d'hérédité. Il en faut voir maintenant les plus importantes applications à la vie sociale.

Ces applications elles-mêmes sont de deux sortes. Les unes sont, pour ainsi dire, spontanées ; les autres sont réfléchies. En d'autres termes, les premières résultent immédiatement du simple jeu de ce principe ; les secondes supposent que la société a constaté l'existence du même principe, l'a approuvé, et l'a pris consciemment pour base d'une de ses institutions. Les premières consistent dans l'hérédité des facultés ; les secondes, dans l'hérédité des situations. Toutes deux sont le produit de lois ; mais les premières reposent sur les lois naturelles, les secondes supposent en outre des lois civiles. Ces deux ordres de faits sont d'ailleurs étroitement mêlés l'un à l'autre, car le second s'appuie sur le premier et en est, dans nombre de cas, sorti sans aucun effort.

L'hérédité des facultés doit s'entendre surtout de la transmission des habitudes morales et des aptitudes intellectuelles. Par habitudes morales, il faut d'ailleurs entendre aussi bien celles qui sont contraires aux bonnes mœurs que celles qui leur sont conformes. Ainsi l'hérédité des penchants à l'alcoolisme, au jeu, à l'avarice, au vol, voire même à l'homicide, est un fait admis par tous les criminologistes. Ils citent volontiers le cas de la famille Yuke, dont tant de malfaiteurs sont issus, et ils n'omettent pas toujours de citer aussi les instincts de cruauté criminelle héréditaires chez nombre de familles souveraines, dont l'histoire de l'antiquité, du moyen âge ou des temps modernes a enregistré les exemples. Dans l'école du professeur Lombroso, on a beaucoup insisté sur le cas du criminel-né, parfois même avec quelque exagération. L'hérédité des penchants honnêtes, heureusement, n'est pas moins réelle que celle des penchants immoraux. Elle se remarque moins, sans doute, mais c'est justement parce qu'elle constitue le fait courant, celui qu'on oublie à force d'y être habitué. C'est elle qui crée, dans nos sociétés, cet ensemble d'inclinations vers l'ordre, la paix, le respect d'autrui, qui sont nos meilleures garanties à tous. Notons en passant que cette double hérédité des penchants contraires et des penchants conformes à la morale est une hérédité de caractères acquis. Car l'alcoolisme, par exemple, n'a pu dater des premiers âges de l'humanité ; il n'a pu apparaître qu'avec l'alcool ; il est vrai que lui-même a succédé à la passion du vin, connue dès l'antiquité, mais il ne lui est pas identique. Et quant aux habitudes honnêtes, elles aussi sont en grande partie assez récentes. Le respect de la vie humaine, si général de nos jours, était infiniment moindre au moyen âge, et même à l'époque de la Renaissance, voire à celle de la

Révolution ; il est une acquisition du xixe siècle, le produit de longues années de stabilité et de labeur.

Passons aux aptitudes intellectuelles. Ici encore, nous verrons qu'elles sont héréditaires à tous leurs degrés. Au pôle négatif, si l'on peut ainsi dire, la folie, l'imbécillité, la sottise se transmettent notoirement. Dans la moyenne, le bon sens, l'intelligence droite passent aussi de père en fils. Au pôle positif, le talent, sinon le génie, a également son hérédité. Les exemples de familles où se transmettent de grands talents ne sont pas rares. Dans les beaux-arts, on connaît celui des musiciens : la famille Bach en est le type accompli. Il y a eu des dynasties d'hommes d'Etat, des dynasties de magistrats éminents (1), des lignées de soldats et de marins illustres. Dans la science, on cite les noms des Ampère, des Bernoulli, des Cassini. James Stuart Mill a eu comme maître son père John Mill. Jean-Baptiste Say fut père et grand-père d'économistes. Spécialement dans les sciences naturelles, l'hérédité se manifeste fréquemment. Les Jussieu, les Humboldt, les Geoffroy Saint-Hilaire, les Candolle, les Saussure, les Milne

---

1. M. F. Galton a fait l'étude des juges d'Angleterre à ce point de vue, dans son livre *Hereditary Genius*.

Edwards l'attestent. On sait que Charles Darwin eut comme précurseur son grand-père Erasme Darwin. Et pour nommer des contemporains, il y a quelque chose de remarquable dans cette hérédité des talents qui a permis à quatre Becquerel d'occuper successivement une même chaire au Muséum d'histoire naturelle, celle de physique appliquée à l'étude des corps vivants, et qui a réparti entre les fils de Berthelot les talents dont il a été doué tout à la fois comme physicien, comme philosophe et comme politique.

De pareils exemples servent tout naturellement de transition entre l'hérédité des facultés et celle des situations. Celle-ci, d'ailleurs, dans l'histoire, apparaît comme née de celle-là. Si le fils a longtemps occupé la place du père, ce fut, avant même que la loi civile l'en eût investi, parce que la loi naturelle l'y avait préparé. Les castes, par exemple, sont antérieures à toute législation positive. Elles dérivent sans doute de la superposition, ou si l'on veut de la juxtaposition de diverses tribus d'abord indépendantes et qui se sont ensuite rapprochées, en gardant des rôles différents dans la société formée par leur groupement. Elles ont eu un caractère ethnique avant d'avoir un caractère professionnel. Les premières noblesses se sont érigées d'elles-mêmes par le jeu des supériorités spontanées : la force a constitué l'aristocratie militaire, l'habileté a constitué l'aristocratie religieuse, et les fonctions guerrières, comme les fonctions sacerdotales, ont été héréditaires dans les familles où les talents de soldat ou de magicien l'étaient. Les textes sont venus confirmer plus tard ce qui s'était spontanément établi. Il en fut de même pour la royauté et pour les offices civils : ils se **trouvèrent** héréditaires, avant toute législation, en vertu de la transmission des facultés des pères aux enfants ou du moins de la croyance générale en cette transmission.

A vrai dire, une raison plus affinée met aujourd'hui celle-ci en doute. On se demande, de nos jours, si l'hérédité a bien ce pouvoir de transmettre les talents. On fait observer que souvent le fils d'un homme de mérite est une médiocrité. Et lors même qu'il est lui aussi un homme de mérite, on cherche si l'éducation n'y a pas contribué plus que l'hérédité. Ainsi l'on est amené à penser qu'un autre homme, avec une hérédité différente, mais avec la même éducation, fût arrivé aux mêmes résultats. Voilà pourquoi, dans les pays les plus avancés, on demande pour tous les hommes une éducation égale, sans distinction d'origine, afin que ceux d'entre eux qui prouveront en avoir

le mieux profité soient appelés, quelle que soit
leur ascendance, aux plus hautes situations, dans
l'intérêt de la nation tout entière.

Il y a, à ce sujet, de graves débats, dans le
détail desquels nous ne saurions entrer, puisqu'ils
sont d'ordre surtout politique. En somme, des
deux camps opposés, l'un tient pour la vertu de
l'hérédité, l'autre pour celle de l'éducation. Aucun
des deux n'apporte de faits entièrement concluants,
et nous avons indiqué précédemment pourquoi
cela leur est impossible.

Si nous nous risquons toutefois à proposer une
solution personnelle à ces débats, ce sera celle-ci.
L'hérédité a pu logiquement jouer autrefois un
rôle social très considérable, mais il n'est pas
moins logique que ce rôle aille en diminuant. En
effet, la vie sociale est de plus en plus complexe
et les problèmes de toute nature que les gouver-
nants ont à résoudre sont de plus en plus nombreux, variés et changeants. Des talents relativement simples suffisaient aux dirigeants d'autrefois,
souverains, prêtres, chefs militaires ou civils : ils
ne suffisent plus aux dirigeants d'aujourd'hui.
L'hérédité, aidée d'une courte éducation, pouvait
jadis préparer convenablement un homme au rôle
de chef ; elle ne le peut actuellement et il y faut
une longue et adéquate préparation. Ainsi la part

de l'éducation, dans la formation des élites, est appelée à grandir, au détriment de celle de l'hérédité. Nous retrouvons toujours, en somme, la dualité, sinon l'opposition, de l'hérédité et de l'adaptation. L'hérédité a maintenu, chez les fils d'hommes qui s'étaient bien adaptés, assez de qualités pour qu'ils pussent tenir une grande place dans les sociétés du passé. Mais, dans les sociétés du présent, une forte adaptation individuelle est la meilleure garantie à demander à ceux qui aspirent à diriger les adaptations collectives.

<h2 style="text-align:center">VI</h2>

Reste une dernière question. Nous venons d'envisager l'hérédité dans la société. Mais c'est toujours de l'hérédité des individus qu'il s'agit. Peut-on parler d'une hérédité des sociétés elles-mêmes ?

La question ne se pose que pour les organicistes. Elle est, pour eux, extrêmement embarrassante. Ayant montré, à propos de l'adaptation, le point fort de cette doctrine, nous ne pouvions omettre d'en signaler, à propos de l'hérédité, le point faible. En effet, il semble bien que les individus seuls soient aptes à se reproduire, et l'on ne voit pas, tout d'abord, comment cette faculté pourrait appartenir à une collectivité.

Et pourtant, il n'y a là rien d'inconcevable. Nous avons montré dans un autre ouvrage que l'on peut, non seulement relever des faits de reproduction parmi les sociétés, mais même en distinguer de plusieurs espèces (1). Il y a des sociétés qui en engendrent d'autres, et elles ont pour cela divers procédés. Tantôt la génération est agame, tantôt elle est conjuguée. Le premier cas est celui où une colonie se détache de la mère-patrie. Le second est celui où deux sociétés préexistantes s'associent pour en produire une nouvelle ; sans insister ici sur ces points, pour lesquels nous pouvons renvoyer à ce précédent travail, nous ferons seulement remarquer l'analogie générale de ces processus avec ceux de la reproduction individuelle.

Mais il est une autre manière encore de résoudre la question. Un sociologue de talent, Gabriel Tarde, qui n'était nullement organiciste, avait pourtant été frappé de l'analogie que présentent les phénomènes généraux de la vie sociale avec ceux de la vie organique. Il distinguait dans la société trois ordres de faits fondamentaux : l'adaptation, l'imitation, l'opposition (2). Le premier était identique au phénomène organique du même nom ; le

---

1. *Organisme et Société*, chapitre XI.
2. G. Tarde, *Les lois sociales.*

troisième se confondait avec la concurrence vitale. Quant au second, il y voyait le pendant de l'hérédité. Ce que l'hérédité est aux organismes, disait-il, l'imitation l'est aux sociétés : car toutes deux assurent la reproduction d'un modèle ancien par une copie postérieure ; toutes deux sont un mode de la reproduction. Cette conception si originale nous paraît renfermer une grande part de vérité. Il est parfaitement exact que, quand une société se met à l'école d'une autre (par exemple, Rome antique à l'école de la Grèce, le Japon moderne à l'école de l'Angleterre ou de la France), elle en devient d'une certaine manière la fille, et il s'établit entre elles une sorte de parenté adoptive. Mais il est clair pourtant qu'il ne peut s'agir là que d'une filiation tout idéale, où la transmission du sang n'est pour rien. C'est un processus psychologique qui copie un processus physiologique, et rien de plus. La notion d'hérédité tend ici à devenir métaphorique. Tout réel et tout important qu'il soit, le fait dont il vient d'être question n'a plus guère que le nom de commun avec les faits qui constituent l'hérédité organique.

CHAPITRE IV

LA SÉLECTION

Sommaire. — I. La théorie de Darwin. — II. La lutte des individus dans la société. — III. La lutte des groupes. — IV. Avenir de la concurrence et de la sélection. — V. Portée limitée de la concurrence et de la sélection. Prééminence de l'adaptation.

I

Pour Darwin, le principal facteur de l'évolution réside dans la concurrence vitale et la sélection naturelle. Expliquons-nous donc sur le sens qu'ont ces expressions en biologie. Nous chercherons ensuite en quelle mesure elles peuvent être transportées dans le domaine social.

On ne saurait oublier de rappeler ici, d'un mot, que déjà Lamarck avait parlé de la lutte des espèces vivantes entre elles ; que, d'autre part, l'économiste Malthus avait, dans son *Essai sur le principe de population* (1799), posé le principe d'où Darwin est parti. Toutefois, ils n'en ont pas tiré les conséquences auxquelles ce dernier est parvenu. Comme, chez lui seul, la théorie a pris sa forme achevée. c'est à ses ouvrages, et spécialement à *L'Origine des Espèces*, que nous allons en demander le résumé.

Darwin distingue trois principales formes de la sélection. Il cite en premier lieu la sélection artificielle. C'est celle que les éleveurs opèrent en vue d'améliorer les races végétales ou animales qu'ils veulent développer. Ils choisissent les échantillons jugés par eux supérieurs et ne laissent se reproduire que ceux-là. Ce fait, familier à tous les zoologistes, n'avait pourtant reçu aucune place dans leurs systèmes, avant Darwin. L'idée géniale de celui-ci a consisté à concevoir la nature comme faisant en grand la même opération que les éleveurs.

C'est donc à la sélection naturelle qu'il faut, très vite, en venir. Mais celle-ci elle-même a plusieurs modes. Il en est un qui mérite une place à part. Darwin le nomme la sélection sexuelle. Les femelles n'accueillent pas indistinctement tous les mâles. Parmi ces derniers, une sorte de concours s'établit pour leur possession. Ceux-là seuls les obtiennent qui ont quelque avantage de nature à leur procurer la supériorité. Cet avantage se transmet aux descendants issus de l'union ainsi réalisée, tandis que les mâles moins bien doués ne laissent pas de postérité. Ainsi est assuré le perfectionnement de la descendance.

Enfin, à côté de la sélection sexuelle, il y a l'autre mode de sélection naturelle, non spécialement dénommé, parce qu'il est le plus usuel, mode qu'on pourrait appeler la sélection naturelle générale. C'est la lutte pour la vie, terminée par le triomphe des mieux armés. A la rigueur, la sélection sexuelle pourrait être considérée comme n'en constituant qu'un cas particulier : car la lutte pour les femelles est encore une forme de la lutte pour la vie, la possession d'une femelle étant pour le mâle un moyen d'améliorer sa propre existence et de la prolonger par la reproduction. Mais on peut aussi regarder ces deux genres de lutte comme indépendants : la lutte pour la vie tend à l'acquisition des éléments nutritifs strictement indispensables à l'existence, tandis que la lutte sexuelle ne tend qu'à un plaisir et à une expansion de l'être : celle-là est par suite plus féroce que celle-ci ; la première amène l'élimination complète et immédiate du vaincu, la seconde d'ordinaire le prive seulement de postérité. Quoi qu'il en soit, au reste, de ces rapports entre les deux formes de la sélection naturelle, nous allons maintenant concentrer nos explications sur la plus importante, sur celle que nous avons appelée la sélection naturelle générale, et en rechercher tour à tour la cause, le processus et le résultat.

La cause de la lutte pour la vie, c'est l'insuffisance d'aliments pour tous les êtres qui sont procréés. Ici Darwin déclare qu'il adopte entièrement les vues de Malthus. Cet auteur, parlant de l'espèce humaine, avait dit en substance ceci. La nature a attaché une satisfaction à l'acte de la reproduction. Aussi celui-ci est-il accompli très volontiers, et par suite l'humanité tend à proliférer fort largement. Au contraire, la nature a attaché l'effort et la peine à l'acte de la production des aliments. Aussi ce dernier n'est-il accompli qu'à regret, par force, et par suite l'humanité risque sans cesse la famine. En un mot, la population tend à se multiplier au moins en progression géométrique, tandis que les subsistances ne peuvent croître au plus qu'en progression arithmétique. Il en résulte très vite un déséquilibre entre la population et les subsistances. Il faut qu'une partie de celle-là disparaisse pour qu'il reste aux survivants assez de celles-ci. Ce sont les guerres, les disettes, les épidémies, qui ont raison de l'excès de la population. Ce sont elles qui constituent l'obstacle répressif à un accroissement exagéré de l'espèce humaine. Malthus, en moraliste et en économiste avisé, voudrait voir substituer à celui-ci un obstacle préventif, résultant de l'intervention de la raison humaine. Il souhaiterait que l'homme ne se mariât qu'après avoir acquis des moyens suffisants pour assurer l'existence de la famille qu'il va fonder.

Darwin adopte le principe de Malthus, qu'il appelle « la loi de la multiplication des espèces en raison géométrique ». Et même, il le généralise. Car, tandis que Malthus songeait surtout à l'appliquer à l'espèce humaine, Darwin en fait une loi universelle de la nature vivante. Cette tendance de toutes les espèces animales et végétales à une prolifération surabondante étant posée, il s'ensuit à ses yeux qu'elles doivent être ramenées à leur effectif normal par la concurrence qui s'engage entre elles. En effet, il n'y a pas assez de subsistances pour toutes ; comme toutes veulent vivre, elles entrent en conflit ; les moins bien douées sont exterminées par les autres. La lutte pour la vie dérive ainsi nécessairement de la « surpopulation » du globe.

Cette lutte, Darwin la voit s'établir entre les espèces. Il ne s'est préoccupé du conflit entre les individus d'une même espèce qu'en ce qui concerne la concurrence sexuelle et non en ce qui regarde la lutte générale pour la vie. En principe, pour lui, l'espèce forme un tout dont les membres sont solidaires. Il a certainement raison, biologiquement parlant. Mais, quand on voudra transporter ses vues dans le domaine social, il faudra envisager la lutte entre hommes, c'est-à-dire entre individus de la même espèce.

Suivant lui, la lutte est d'autant plus âpre entre deux espèces qu'elles sont organiquement plus voisines l'une de l'autre. En effet, deux espèces très proches recherchent naturellement le même genre de nourriture. Elles sont donc amenées à se faire une concurrence directe. Au contraire, deux espèces éloignées visent à des aliments différents ; aussi n'entrent-elles pas en conflit à ce propos, et peuvent-elles coexister sur le même territoire. L'âpreté de la lutte entre espèces voisines explique qu'une espèce, qui organiquement forme la transition entre deux autres, ait beaucoup de chances d'être détruite, puisqu'elle est attaquée de deux côtés à la fois. Elle rend donc raison de la disparition des types intermédiaires et permet de comprendre pourquoi la continuité originaire des formes naturelles paraît aujourd'hui brisée.

La conséquence de ces luttes, nous le savons déjà, c'est d'ordinaire l'extermination des vaincus. Ils disparaissent, tués par leurs concurrents plus heureux, ou rejetés par eux hors du seul territoire où ils pourraient vivre, parfois même dévorés par eux.

« La pensée de ce combat universel est triste, écrit Darwin (1) ; mais pour nous consoler nous avons la certitude que la guerre naturelle n'est pas incessante, que la peur y est inconnue, que la mort est généralement prompte et que ce sont les êtres les plus vigoureux, les plus sains et les plus heureux qui survivent et se multiplient. »

Le résultat de ce combat, écrit encore Darwin, c'est « le progrès de tous les êtres organisés, c'est-à-dire leur multiplication, leur transformation, et enfin la condamnation des plus faibles à une mort certaine mais d'ordinaire prompte, et la sélection continuelle des plus forts pour une vie longue et heureuse, continuée par une postérité nombreuse et florissante » (2). De sorte qu'en définitive, cette triste nécessité conduit à une très heureuse conséquence : « de la guerre naturelle, de la famine et de la mort, sort directement le résultat le plus admirable que nous puissions concevoir : la formation lente des êtres supérieurs » (3).

Ce n'est donc pas seulement le changement, c'est le perfectionnement des organismes qui dérive de la lutte pour la vie. En effet, ce sont les mieux doués qui survivent ; ils transmettent

---

1. *Origine des Espèces*, ch. III, § 9, conclusion.
2. *Ibidem*, chapitre VII, § 11, conclusion.
3. *Ibidem*, chapitre XIV, § 6, conclusion.

leurs avantages à leurs descendants ; et parmi ceux-ci, ce sont encore les plus aptes qui seuls triomphent et font souche. Sans doute ; mais quels sont les mieux doués, les plus aptes? On ne peut le savoir à l'avance. Suivant les circonstances, ce seront les plus robustes, les plus agiles, les plus rusés, etc... Seule l'issue du combat dira quel était « le meilleur » des combattants. Ainsi la formule de Darwin : « la survie du plus apte » apparaît comme une vérité évidente, mais aussi comme une tautologie. Elle est incontestable, mais elle ne précise rien.

II

Cherchons maintenant quelle application ces théories de Darwin comportent dans l'ordre social.

Deux points doivent être posés tout d'abord :

1° Ici, il ne peut plus s'agir de luttes entre espèces, puisque l'humanité tout entière — chez laquelle seule nous étudions les faits sociaux — ne forme qu'une espèce unique. Mais il va s'agir d'abord de la lutte entre individus, membres de l'espèce humaine. Et il faudra ensuite envisager la lutte entre les groupements humains (Etats et associations de tout genre), comme nous avons examiné antérieurement leur adaptation et même leur hérédité.

2º La lutte, dans le monde humain, doit évidemment garder un certain nombre des caractères qu'elle présente dans le règne animal. Mais, incontestablement aussi, elle doit présenter certains traits nouveaux. L'homme est un animal raisonnable et moral, il est le seul dans ce cas. Forcément toute sa façon d'agir s'en ressent. Ses luttes mêmes en portent la trace. Celles-ci, par suite de l'intervention de facteurs psychiques, deviennent plus complexes que les luttes animales. Ce n'est pas à dire que tout soit excellent dans ces facteurs nouveaux, nous en aurons bientôt la preuve.

Cherchons donc comment le principe de sélection va opérer parmi les individus humains. Nous constaterons qu'on peut retrouver ici les trois formes découvertes par Darwin dans son étude de la sélection entre espèces : la sélection artificielle, la sélection sexuelle, la sélection naturelle générale.

Les exemples de sélection artificielle, dans l'humanité sociale, ne sont pas extrêmement fréquents, mais ils ne sont pas non plus inconnus. Haeckel rapporte que les Spartiates et les Peaux-Rouges choisissaient à la naissance les enfants robustes pour les conserver seuls. Dans les villes de la Grèce antique, quand on voulait fonder une colonie, on choisissait des hommes vigoureux et vaillants pour faire partie du groupe qui allait reproduire au loin la mère-patrie. Le roi de Prusse Frédéric-Guillaume Ier, pour assurer une élite à son armée, avait composé, dit-on, un régiment de grenadiers poméraniens de haute taille et fait réunir à leur intention des épouses grandes et de robuste constitution.

Quant à la sélection sexuelle, elle s'opère dans nos civilisations par le choix que la jeune fille ou ses représentants légaux font parmi les prétendants à sa main. Il semble qu'ainsi les femmes les plus avantagées, et par suite les plus recherchées, doivent revenir aux hommes les mieux doués, de sorte que leur postérité cumulera les caractères utiles des deux ascendances. On sait qu'en fait les raisons qui motivent, soit la recherche masculine, soit le choix féminin, ne sont pas toujours les plus heureuses, et que notamment les considérations pécuniaires y jouent trop souvent un rôle exagéré.

Reste enfin la sélection naturelle générale. La compétition est usuelle entre les individus d'un même groupe. Elle a pour but, comme dans la vie organique, l'obtention des aliments ; mais ce dernier terme a, dans la vie sociale, un sens plus complexe : il désigne tout ce qui « alimente » l'ambition humaine, c'est-à-dire la richesse avec les satisfactions diverses qu'elle procure, le pouvoir, les honneurs. Elle a pour raison, ici aussi, le fait que ces avantages sont en quantité limitée, qu'il n'y en a pas assez pour satisfaire tous les appétits qu'ils suscitent. Elle a pour processus, ici encore, la concurrence entre les plus proches : chacun désire d'ordinaire les biens qu'il voit aux mains de ceux qu'il fréquente le plus, parents, voisins, confrères, compagnons ; d'où des rivalités d'autant plus cuisantes qu'elles sont plus intimes, comme Spinoza l'avait déjà observé. Cette concurrence se rencontre en tous les ordres de faits sociaux, dans le domaine économique comme dans le domaine intellectuel, dans le domaine religieux aussi bien que dans le domaine politique. Et logiquement, cette fois aussi, elle doit se terminer par la victoire du plus apte. On comprend aisément que les raisons qui peuvent assurer le succès sont ici de natures plus diverses encore que dans la vie organique. Ce sont surtout des qualités mentales, en l'état actuel de nos civilisations ; mais ces qualités sont fort variables ; ce peut être, suivant les cas, la finesse de l'intelligence, ou au contraire sa vigueur ; ce peut être l'aptitude à s'associer des collaborateurs, ou à l'inverse une personnalité accusée et indépendante, etc... Mais enfin, quelles qu'en fait elles puissent être, elles se manifestent essentiellement par le conflit. Le résultat de ce conflit, c'est de faire un vainqueur, c'est de déterminer celui qui, ayant les plus hautes qualités, obtient seul les satisfactions désirées par tous. La lutte amène ainsi le triomphe des meilleurs ; elle leur assure le prix de leur supériorité ; par là même, elle renforce cette supériorité et elle la fixe chez qui la possédait ; elle contribue dès lors à déterminer et à fortifier l'élite ; elle fait la sélection des individualités supérieures dans la société. En somme donc, il y a parallélisme entre cette dernière sélection, quant à ses origines et à son processus, et la sélection des espèces supérieures dont Darwin s'est occupé.

Mais un peu de réflexion fait apparaître des différences. Elles sont de plusieurs espèces. D'abord, les procédés de la lutte, et aussi ses résultats, sont en général moins cruels dans le monde social que dans le monde organique. L'effet de la civilisation est de les adoucir. Le combat à main armée est interdit entre membres d'une même société. Les violences corporelles le cèdent aux luttes moins brutales de l'intelligence et de la parole. Le pugilat et le tournoi sont remplacés par le concours, sous toutes ses formes. Comme conséquence, le vaincu n'est plus éliminé. Il ne se voit

plus, ni mis à mort, ni expulsé, ni même privé
d'ordinaire de ses moyens d'existence antérieurs.
Seule, son expansion est arrêtée, son « avance-
ment » (à quelque fonction sociale qu'il se rattache) est atteint. Il y a, à la vérité, quelques circonstances où il peut se trouver dépouillé même
de son gagne-pain primitif : tel est parfois le résultat de la lutte industrielle quand elle amène
la fermeture d'une exploitation, et le plus cruel
est qu'en ce cas la rivalité de deux chefs d'industrie affame les ouvriers de l'un d'eux ; mais de
tels événements sont rares et les travailleurs con-
gédiés trouvent d'ordinaire assez vite quelque nouvel emploi. Normalement donc, la défaite sociale
ne tue pas le vaincu. Elle l'oblige seulement à se
contenter d'une situation moindre que celle qu'il
avait ambitionnée. La conséquence de la lutte, c'est
simplement ici la fixation des rangs. Nous verrons
l'importance de ce fait quand nous chercherons,
un peu plus loin, à préciser la portée du principe de
sélection.

En second lieu, on aperçoit des phénomènes qui
faussent dans la vie sociale les conditions du concours entre individus et font douter de la valeur
de ses résultats pour le progrès général. Ces faits,
qui empêchent que la sélection des meilleurs s'o-
père correctement, peuvent être désignés sous le

nom de contre-sélections sociales. Presque toutes nos institutions peuvent, malheureusement, en fournir des exemples. Dans l'ordre économique, l'hérédité des fortunes rend plus difficile la carrière des hommes bien doués, mais nés pauvres, tandis qu'elle favorise celle des riches sans mérite. Les industries les plus lucratives sont celles qui satisfont des besoins de luxe, tandis que les travaux qui concourent le plus à la marche de la civilisation sont souvent fort peu récompensés. Dans l'ordre domestique, la défaveur avec laquelle sont d'ordinaire vues les unions mixtes empêche la société de bénéficier des avantages considérables qu'elle pourrait retirer de la fécondation croisée (1). Dans l'ordre politique, l'esprit de parti et le favoritisme font arriver des indignes, et maintiennent des gens qualifiés dans des situations inférieures. La guerre entre deux peuples risque de faire périr l'élite de tous les deux, et cela sans même que ses qualités propres de courage et d'adresse puissent la sauver, par l'effet automatique des engins de destruction collective ; même en l'absence de toute guerre, le service militaire tient cette élite éloignée du mariage et de la reproduction. Ce sont là des effets, non des luttes individuelles, mais des lut-

---

1. Adolphe Coste, *Le facteur population dans l'évolution sociale*.

tes de sociétés, dont nous ne devons parler qu'un peu plus tard. Mais ne quittons pas ce sujet sans signaler encore que dans l'ordre moral le progrès lui-même peut se retourner parfois contre la vraie sélection. C'est ainsi que Hæckel déplore certains succès de la médecine, et Spencer certaines formes de la charité, qui prolongent l'existence de malades et de mendiants en lesquels ces savants voient pour la société une trop lourde charge. Dans la lutte individuelle pour l'existence, ces malheureux sont protégés par leur faiblesse même et par la compassion qu'elle inspire. Nous ne croyons pas, pour notre part, que ceci soit un mal, mais nous devions indiquer qu'on y a vu une contre-sélection sociale. En résumé, tous les phénomènes dont il vient d'être parlé sont de nature à faire douter que la lutte pour l'existence amène vraiment dans la société humaine le triomphe des meilleurs. Cette société est trop complexe pour se plier à une loi aussi simple. Trop de facteurs y contrarient le jeu du principe de Darwin pour que celui-ci y puisse toujours triompher.

III

Après la lutte des individus, nous devons examiner la lutte des groupes humains les uns contre les autres.

Ces groupes sont de diverses espèces. Ceux auxquels on songe tout d'abord, ce sont les Etats. Mais il y en a encore bien d'autres. Nous avons proposé, dans un précédent travail (1), d'en reconnaître au moins cinq catégories :

1° Les groupements fondés sur la parenté : familles, tribus, races, etc... ;

2° Les groupements fondés sur le voisinage : communes, cantons, départements, provinces, etc. ;

3° Les groupements fondés sur le travail : professions ;

4° Les groupements fondés sur le rang : classes ;

5° Les groupements fondés sur des affinités électives : associations de toute espèce, en y comprenant les partis politiques, les confessions religieuses, les écoles artistiques ou scientifiques, etc. Et nous avons, dans cette même étude, cherché à préciser leurs relations.

Ce que nous devons seulement dire ici, c'est que ces relations affectent très souvent la forme de la concurrence. Entre Etats, la concurrence se traduit fréquemment par la guerre. Celle-ci présente les mêmes caractères que la lutte darwinienne

____

1. *Philosophie des sciences sociales*, t. I, chap. IV.

des espèces. L'hostilité naît de ce que tous les
Etats aspirent à l'expansion de leur vie, et que les
moyens de satisfaction sont en nombre trop limité
pour tous. Elle est surtout aiguë entre les Etats
les plus voisins. Elle se traduit par des combats
qui amènent souvent la mise à mort d'un grand
nombre de membres des nations en conflit, ou la
dépossession totale ou partielle de l'une d'entre
elles, ou son assujettissement par le vainqueur.
C'est une question fort débattue entre les sociologues que celle de savoir si ses effets sont heureux
ou non. Certains, tels que M. J. Novicow, soutien-
nent qu'ils sont malfaisants dans tous les cas :
pour eux, la guerre n'est jamais qu'une cause de
ruine, de destruction, de perte de forces. Mais la
plupart, sans souhaiter le retour des guerres pour
l'avenir, estiment que pour le passé elles ont pu
avoir certains effets avantageux : ils pensent qu'elles ont assuré le triomphe du groupe qui repré-
sentait le plus élevé des types humains en conflit
et qu'ainsi, au point de vue le plus général, elles
ont servi la cause du progrès (1). Ils auraient pu
surtout faire observer que la mentalité collective

---

1. Voir notamment le débat sur « les luttes sociales » auquel
a procédé le sixième congrès de l'Institut international de sociologie, tenu en 1903 à l'Université de Londres, débat reproduit dans
le t. XI des *Annales* de cet Institut.

n'a point, pendant longtemps, été assez élevée pour concevoir une autre solution aux conflits internationaux. Sans qu'il soit nécessaire de prendre ici parti dans cette discussion, on peut constater que l'accord tend à se faire sur cette idée, que dorénavant l'intérêt général est que la guerre des Etats cède la place à une forme de relations moins violente. Déjà, nous l'avons vu, ce progrès a été réalisé pour les individus humains ; par le fait de l'évolution, les hommes ont appris à porter leurs différends devant les tribunaux ou à les terminer par des concessions réciproques, au lieu de les vider, comme autrefois, à main armée. La forme brutale de la lutte, qui est celle de l'animalité, a cédé ordinairement à la forme courtoise, qui est celle de l'humanité. Pourquoi les nations ne pourraient-elles faire ce que font les individus ? Dès maintenant elles y arrivent en partie. L'institution d'une cour permanente d'arbitrage est un grand pas fait en ce sens. Les accords diplomatiques deviennent chaque jour plus nombreux. Et sans cesse aussi la pratique met dans les relations avec l'étranger plus de correction, d'équité et d'harmonie. En somme, les guerres deviennent plus rares, les échanges pacifiques de produits et d'idées plus fréquents. Il y a donc lieu d'espérer que les antagonismes actuellement subsistants ne seront pas irréductibles et que dans un avenir plus ou moins proche il existera pour les rapports entre États un régime de justice et de solidarité.

Nous venons de parler des États. Il nous reste à nous expliquer sur les autres groupes sociaux. Chez eux aussi, la lutte existe, et cela de deux manières. D'une part, les groupes d'une même espèce luttent ensemble : ainsi deux familles, deux cités, deux professions, deux classes, deux associations, sont souvent en antagonisme l'une avec l'autre. D'autre part, il y a aussi certaines hostilités entre des groupes d'espèce différente : chaque type de groupement aspire à dominer les autres types. L'État veut depuis longtemps se subordonner tous les groupements ; dans un lointain passé, ce furent la famille, puis la cité, qui cherchèrent à le faire ; aujourd'hui, l'organisation professionnelle et l'organisation de classe tendent à prendre le premier rang, et la même prétention est émise par certaines associations, surtout par des confessions religieuses et des partis politiques. Il y a donc partout concurrence entre les groupes comme entre les individus. Si nous ne craignions de fastidieuses redites, nous pourrions montrer ici encore la même cause, le contraste entre des aspirations illimitées et des moyens de satisfaction limités ; le même processus, le conflit entre les plus proches ; le même résultat, l'élimination ou l'assujettissement du plus faible. Et ici aussi nous verrions l'évolution substituer peu à peu aux moyens et aux dénouements brutaux des procédés et des résultats plus pacifiques : la concurrence des groupes se fait aujourd'hui plus légalement et plus loyalement ; les défaites n'ont plus pour conséquence l'extermination du vaincu ; on apprend peu à peu à reconnaître à chaque collectivité son droit à l'existence, sinon encore son droit à l'égalité avec toutes les autres ; un régime de tolérance générale s'introduit dans tous les pays civilisés, et il semble que ce doive être à l'avantage des plus méritants et des plus dignes.

Signalons cependant les conclusions d'un auteur original qui sont en contradiction avec celles-ci. M. Vacher de Lapouge, l'un des chefs de « l'école anthroposociologique », soutient que le résultat des luttes entre groupes — fut-ce des luttes relativement pacifiques du présent — est l'élimination des mieux doués. Suivant lui, en Europe, les eugéniques sont les dolichocéphales blonds, les Aryens (*homo asiaticus*) ; au-dessous d'eux dans l'échelle des races, viennent les dolichocéphales bruns, les Méditerranéens (*homo mediterraneus*), et au-dessous encore, les brachycéphales bruns, les Continentaux montagnards (*homo alpinus*).

Or l'examen des sépultures et de divers vesti-
ges du passé montrerait que la proportion des dolichocéphales blonds va en diminuant d'âge en
âge. Les conséquences les plus tristes en découle-
raient pour l'avenir de notre civilisation (1). Ces
vues ont trouvé d'abord crédit chez un certain nombre d'écrivains ingénieux de divers pays. Mais
elles n'ont point été confirmées par les recherches
des anthropologistes les plus autorisés. Ceux-ci
n'attachent pas à l'indice céphalique l'importance
qu'on avait cru pouvoir un instant lui attribuer.
Aussi la théorie dont nous parlons est-elle tom-
bée dans un certain discrédit. On ne voit pas ses
anciens défenseurs mettre aujourd'hui d'activité à
la soutenir. Elle semble, du reste, logiquement peu
défendable. Car, si les dolichocéphales blonds
avaient sur toutes les autres races humaines cette
supériorité absolue qu'on leur accorde, comment
se ferait-il qu'ils disparussent ? Il y aurait là un
bien curieux renversement des règles de la sélection naturelle. Sans doute, il peut se faire que des
êtres à certains égards supérieurs soient éliminés ;
mais cela ne peut pas arriver pour des êtres supérieurs à tous les égards. Il faut donc admettre que
l'une au moins des deux propositions fondamenta-

____

1. *Les Sélections sociales.* — *L'Aryen et son rôle social.*

les de la théorie dont nous parlons — la primauté des dolichocéphales blonds, et leur disparition — est inexacte. Que ce soit l'une ou l'autre qu'on abandonne, et la théorie s'écroule. Il ne semble pas qu'il soit nécessaire d'en présenter une réfutation plus détaillée.

IV

Dans le monde humain, nous l'avons vu, l'organisation des luttes, autrement dit leur procédé et leur résultat, a comporté une évolution : elle est allée en s'adoucissant de plus en plus. Nous ne savons pas, au contraire, si une évolution quelconque s'est produite à cet égard, dans le monde animal et végétal. A coup sûr, les plantes et les animaux, voyant leurs structures se transformer, doivent voir par là même leur fonctionnement se modifier aussi, et le processus de leur concurrence doit s'en ressentir. Mais nous ne sommes point renseigné à ce sujet, l'évolution des espèces vivantes n'ayant pas été suivie par la science depuis assez longtemps pour nous fournir les documents nécessaires. Nous pouvons donc actuellement nous borner à constater ceci. L'humanité est partie d'un état de sauvagerie où elle ne connaissait d'autres luttes que celles dont l'animalité offre l'exemple, où le vaincu était mis à mort ou expulsé, ou parfois même dévoré par le vainqueur. Elle s'est élevée de là à un stade où le vaincu n'a plus été qu'assujetti. Elle est arrivée aujourd'hui à une période où la défaite ne fait plus qu'entraver l'expansion du vaincu. Cette évolution a été plus rapide et plus complète dans les rapports entre individus d'une même nation que dans les rapports entre nations différentes. Car dans le premier cas une autorité supérieure aux concurrents a pu intervenir pour adoucir leur conflit. Mais les luttes internationales aussi se sont atténuées, et l'on est porté à croire qu'elles cesseront à leur tour d'être sanglantes.

Ceci nous amène naturellement à nous demander quelle place l'avenir fera à la concurrence vitale. Les questions de ce genre sont toujours peu susceptibles d'une réponse scientifique ; car l'avenir peut voir entrer en jeu des facteurs inconnus de nous, ou dont nous ne pouvions prévoir l'action précise. Aussi ne fera-t-on guère ici qu'esquisser les solutions que le problème peut comporter. En ce qui concerne les individus, la concurrence cause, dans l'ordre économique, des maux sur lesquels les socialistes ont attiré l'attention. Elle entraîne une déperdition de forces par l'effet du double emploi, elle oblige les patrons à baisser les salaires pour diminuer leurs frais et lutter ainsi avec plus d'avantages contre leurs compétiteurs sur le marché des produits, elle risque d'amener la fermeture des ateliers du vaincu et le licenciement de ses ouvriers. Contre ces maux, les socialistes ont préconisé un remède : la suppression de la concurrence. L'industrie cesserait d'être laissée à la libre initiative des individus ; elle serait concentrée entre les mains de l'État, qui organiserait la production suivant les besoins de la consommation, constatés par la statistique des demandes. Dans ce régime, on éviterait tout double emploi, et le consommateur ne pourrait s'adresser qu'à un producteur unique qui lui serait désigné administrativement. Ce n'est pas le lieu, bien entendu, d'examiner en détail ce système. Nous dirons seulement que, avec l'esprit individualiste de notre temps, il paraît avoir peu de chances de se réaliser de sitôt.

Mais le résultat qu'il cherche, quant à la suppression de la concurrence, pourrait être obtenu d'une autre manière. On peut l'attendre de la liberté elle-même. Celle-ci, mieux éclairée, comprendrait qu'elle a intérêt à éviter les conflits. Nous avons vu plus haut que la lutte est surtout âpre entre les plus proches. Dans le monde social, ce sont les producteurs qui offrent identiquement les mêmes produits aux mêmes consommateurs qui sont exposés à se heurter le plus violemment. Ces heurts peuvent avoir pour eux des conséquences fatales. Eh bien ! le remède, c'est qu'ils renoncent à cette identité de leurs offres. Que chacun d'eux s'applique à se spécialiser, en donnant à son produit un caractère propre, un cachet particulier. Alors, les produits, n'étant plus identiques, répondront à des goûts variés (soit aux besoins différents d'un même homme, soit aux besoins d'hommes différents), et ils pourront trouver chacun leur preneur. En un mot, la concurrence aura fait place à la différenciation. Nous ne saurions entrer ici dans l'exposé des difficultés que ce système peut rencontrer et des moyens de les lever. Mais nous croyons qu'aucune n'est insoluble. Et si l'on veut y réfléchir, on comprendra qu'il est applicable, non seulement à l'ordre économique, mais aussi à l'ordre intellectuel et même à l'ordre politique. Il y a place dans la société pour toutes les activités honnêtes et toutes peuvent coexister sans se heurter, en se partageant l'immense étendue du bien à faire et du progrès à réaliser.

Les partisans de la concurrence font valoir, pour sa défense, que sa suppression entraînerait l'arrêt des initiatives et la mort des sociétés par inertie.

L'objection ne nous paraît pas porter. Car à la concurrence pourrait survivre l'émulation. Dans un régime fondé sur la différenciation des activités, il resterait pour les producteurs de toute nature ce stimulant qu'est le légitime désir de voir leurs produits hautement appréciés. Il continuerait même, sous ce régime, à s'établir des comparaisons entre les valeurs des divers produits. Il y en aurait qu'on jugerait de premier ordre. Il y en aurait aussi qui n'auraient qu'une mince estimation. Mais de ces derniers mêmes on reconnaîtrait la nécessité et leurs producteurs seraient au moins assurés de trouver du pain, en attendant qu'une transformation éventuelle de leur activité leur donne davantage.

En ce qui concerne maintenant les nations et les groupes, la solution rationnelle nous paraît être du même ordre. La guerre pourrait disparaître entre les nations, au grand profit de toutes, si chacune voulait bien reconnaître le droit des autres à l'existence et à la liberté. Une certaine émulation subsisterait naturellement entre elles. Chacune voudrait voir prédominer sa civilisation, sa langue, sa mentalité. Ces rivalités d'influence intellectuelle n'auraient guère que des effets heureux. Diffusant les lumières et les renforçant par la multiplication de leurs sources, elles accroîtraient

le savoir et par là même le pouvoir de l'humanité.
La même chose peut naturellement être dite,
mutatis mutandis, de la rivalité entre les groupes
sociaux au sein d'une même nation. L'évolution
a multiplié le nombre des types de groupement. C'est une chose excellente, parce que chacun d'eux apporte une idée nouvelle. L'individu,
autrefois membre d'un cercle unique, la famille
par exemple, en portait exclusivement la marque.
Aujourd'hui, il appartient à des cercles variés,
dont il est en quelque sorte le point d'intersection :
à une famille, à une cité, à une profession, à une
classe, à des associations multiples. Il doit à chacun
un peu de sa mentalité, et, chaque fois qu'il entre
dans un nouveau cercle, c'est pour lui un horizon
qui s'ouvre. Tous ces groupes peuvent coexister
en se respectant les uns les autres. On le voit bien
dans le monde scientifique, où chaque jour il se
fonde une société, pour l'étude d'un ordre de
faits particuliers, sans qu'aucune fasse tort aux
autres. C'est ce qui arriverait dans le monde social
entier, si tous les humains pouvaient avoir la lar-
geur d'esprit que seuls aujourd'hui, ou presque
seuls, possèdent les hommes éminents.

Si tel doit être le sort de la lutte, qu'adviendra-
t-il de la sélection qui en est aujourd'hui la consé-

quence ? A vrai dire, celle-ci n'est assurée de nos
jours qu'assez imparfaitement par le jeu de la
compétition. Car dans cette dernière, si ce n'est
plus d'habitude la force brutale, c'est trop souvent
encore la ruse qui l'emporte ; en d'autres circonstances, c'est la faveur qui donne le succès ; ou
bien encore, c'est le hasard seul qui le procure.
Il ne va donc pas toujours au mérite. Fréquemment, les hommes qui l'obtiennent ne sont, ni les
plus aptes, ni les plus disposés à servir l'intérêt
général. Il y aura donc lieu, dans l'avenir, de chercher des procédés de sélection supérieurs. Le faire,
ce ne sera point aller à l'encontre des lois naturelles ; car celles-ci disent seulement que le mieux
doué l'emporte, et, quant à déterminer qui est le
mieux doué, c'est à l'opinion publique, aux lois
civiles et politiques et aux autorités établies que
cela revient en chaque circonstance. Sans vouloir
procéder ici à l'examen des réformes possibles,
disons seulement, en connexion avec ce qui précède, qu'elles devront toutes être guidées par
l'unique souci de l'intérêt collectif et avoir pour
but de permettre aux hommes d'initiative de montrer comment ils peuvent le servir, par cette activité libre et différenciée que nous préconisions à
l'instant. Ceux qui auront fait leurs preuves à cet

égard, dans quelque ordre que ce soit, appartiendront à l'élite sociale.

Mais faut-il vraiment une élite ? L'école socialiste paraît en douter. Elle formule un idéal dans lequel il n'y aurait plus ni dirigés ni dirigeants. S'il y subsiste, du fait de la nature, une certaine inégalité des talents, il n'y subsisterait du moins, du fait de la société, aucune inégalité des conditions. Sans doute, répondrons-nous, on peut rêver d'un état où, par la diffusion du savoir, tous seraient aptes dans une certaine mesure à comprendre le mouvement général de la vie sociale et à y collaborer consciemment. On peut comprendre que, dans un tel état, chacun soit capable de prendre à un certain moment une initiative utile. Mais il n'est guère possible d'espérer que les initiatives de tous les hommes puissent avoir une valeur et une portée égales, ni par suite qu'il soit possible d'abolir entre eux toute hiérarchie. Si donc on peut souhaiter voir disparaître certains excès choquants dans l'inégalité actuelle des fortunes, on ne saurait songer à supprimer complètement l'inégalité des rangs. En tous cas, si des réformes dans le sens égalitaire sont réalisables, ce ne peut être actuellement que sous l'influence de cette élite nouvelle à la formation de laquelle nous assistons : l'élite de l'intelligence et du caractère, formée d'hommes sortis des rangs de la masse et ayant gardé leurs liens avec elle, comprenant leurs devoirs envers la collectivité et aspirant à la servir. Si jamais un régime de complète démocratie peut être établi, ce sera au prix de la constitution préalable d'une aristocratie de cette sorte, aristocratie de mérite, ouverte, libérale et novatrice.

V

Revenons maintenant, de ces vues d'avenir forcément hypothétiques, à la constatation des réalités présentes. La sélection, disions-nous au début de ce chapitre, est, pour Darwin, le facteur fondamental de l'évolution organique. Suivant lui, le hasard dote certains êtres, à leur naissance, de formes avantageuses. Ils triomphent, par là, de leurs rivaux. Seuls ils se reproduisent, et leurs qualités passent à leur postérité, ce qui assure le perfectionnement de l'espèce ; le hasard et le combat, tels seraient donc les grands instruments du progrès. Est-ce bien là la vérité ? A cet égard nous émettons, pour notre part, certains doutes.

Voyons en effet ce qui se passe dans l'humanité contemporaine, laquelle, faisant partie de la nature, en étant même la plus haute expression à nous connue, doit éminemment en révéler les lois. Cherchons quel rôle y joue la sélection. Nous apercevrons dès l'abord qu'elle n'est pas le phénomène primaire. Elle est le résultat de la concurrence vitale ; et celle-ci elle-même, pourquoi s'engage-t-elle ? Si les individus entrent en conflit, ce n'est ni tous les jours, ni au début de leur vie, c'est seulement dans les circonstances où leurs intérêts se trouvent opposés. Mais couramment les intérêts des individus se trouvent plutôt solidaires. L'enfant a dans sa famille un milieu où chacun s'efforce de faciliter son existence. Plus tard, il rencontrera encore bien des appuis, bien des amitiés agissantes, à l'école, à l'atelier ; l'adolescent en découvrira au régiment, l'adulte dans sa carrière. Les antipathies sont en somme plus rares que les sympathies. Normalement, chacun travaille pour gagner sa subsistance ou pour améliorer sa condition, pour « arriver ». Ce travail consiste essentiellement dans un effort pour s'adapter à son milieu et pour adapter son milieu à soi. Seulement, il arrive que les efforts de certains hommes se trouvent aller à l'encontre de ceux d'autres individus. De là naissent les inimitiés et les combats. La concurrence est, ainsi, le rencontre de deux courants d'adaptation partis de points différents. Cela même établit qu'elle constitue simplement un phénomène dérivé.

Et maintenant, quel est son résultat ? Nous l'avons vu, dans le monde humain, ce n'est pas d'ordinaire l'élimination du vaincu. C'est seulement l'arrêt de son expansion. Après le conflit, quand la victoire a fixé les rangs, le vainqueur prend la position la meilleure, le vaincu garde la position subordonnée. Le premier va pouvoir s'adapter à une haute situation, le second devra s'adapter à une situation moindre. Mais qui sait si dans cette dernière il ne trouvera pas le bonheur? Celle-ci est peut-être mieux faite pour ses aptitudes limitées. La conséquence de la lutte, c'est donc simplement d'assigner à chacun sa sphère d'adaptation. Ainsi la concurrence, qui n'est pas le fait premier, n'est pas non plus le fait dernier. Elle naît du choc des efforts pour l'adaptation, et elle mène à la détermination des postes d'adaptation. Elle sort donc de l'adaptation, et elle y conduit. On peut dire, par conséquent, qu'elle est simplement un moment du processus adaptatif. C'est sans doute ce que concevait déjà, il y a vingt ans, notre éminent et regretté maître Alfred Giard, quand, dans la leçon d'ouverture de la seconde année du cours qu'il faisait à la Sorbonne sur l'évolution des êtres organisés, le 23 décembre 1889 (1), il envisageait l'adaptation comme un facteur primaire de l'évolution, en plaçant simplement la sélection parmi ses facteurs secondaires.

Suivant la parole admirable de Gœthe, « au commencement était l'action ». Mais l'action initiale doit être créatrice et non pas destructive. Ce ne peut donc être le combat, comme le veut Darwin ; ce doit être l'essai d'adaptation, comme l'a indiqué Lamarck. Ce qui est fondamental, ce n'est pas le conflit, c'est le travail ; ce n'est pas la lutte, c'est l'effort pour la vie.

------

1. Cette leçon a été reproduite dans ses *Controverses transformistes*, 1906.

CONCLUSION

Sommaire. — I. Parallélisme des lois de l'évolution sociale et des lois de l'évolution organique. Parallélisme des méthodes qui peuvent servir à les étudier. — II. Identité des principes généraux qui dominent ces deux évolutions.

I

Dans cette étude ont été examinés les trois principes fondamentaux qui nous paraissent présider à l'évolution sociale, aussi bien qu'à l'évolution biologique. Evidemment, un travail de ce genre pourrait être beaucoup plus développé. On pourrait chercher à formuler, pour la première de ces évolutions, de véritables lois, et l'on serait amené à reconnaître leur parallélisme avec les lois de la seconde. Voici notamment quelques constatations générales que l'on ne manquerait pas de faire.

L'évolution sociale a été extrêmement lente. C'est seulement au dernier siècle que, dans certaines de ses parties, celles qui tiennent surtout au développement de la science, elle a pris une grande rapidité. Mais, par ailleurs, les institutions humaines les plus importantes — famille, propriété, division des classes — ne se sont transformées que peu à peu, et aujourd'hui encore nous sentons, à bien des égards, l'identité de l'âme antique et de l'âme moderne. Il est à peine besoin de dire que cette lenteur de l'évolution sociale fait pendant à la lenteur, plus grande encore dans les cas habituels, de l'évolution organique.

L'évolution sociale est multiforme. Elle ne s'est pas faite de la même manière dans toutes les races, dans toutes les nations, dans tous les groupes L'évolution organique est multiforme, elle aussi. Elle a différé suivant les règnes, les embranchements, les classes, etc.

L'évolution sociale est, en principe, progressive, c'est-à-dire qu'elle a pour fin une amélioration Evidemment, cette conception est subjective : car c'est d'après notre propre idéal que nous jugeons du progrès réalisé. Mais il n'est pas déraisonnable de penser que la formation même de cet idéal est un caractère qui nous élève au-dessus des autres êtres et nous permet de les juger avec équité. L'évolution organique, elle aussi, est d'ordinaire progressive. Elle tend à réaliser des formes sans cesse plus parfaites, par une adaptation au milieu toujours plus complète.

Mais l'évolution sociale et l'évolution organique comportent toutes deux des régressions, des reculs. Il y a des sociétés, comme il y a des organismes, qui dégénèrent et qui se dégradent.

Seulement ce recul ne se fait pas, d'habitude, dans l'ordre exactement inverse de celui dans lequel s'était effectué le progrès. C'est pourquoi on a pu dire que l'évolution sociale, tout comme l'évolution organique, est irréversible.

Si le progrès doit compter avec le regrès, de même la multiplicité des formes de l'évolution doit compter avec son contraire, la convergence des séries. Dans la vie sociale comme dans la vie organique, il existe de ces curieuses convergences d'adaptation, qui font que deux sociétés ou deux organismes appartenant à des types très différents en viennent, par des nécessités d'adaptation, à présenter des similitudes partielles importantes.

A l'opposé des effets de la convergence, on pourrait placer ceux de la ségrégation, montrer les particularités qu'amène, chez un groupe ou chez un individu, le fait d'être isolé de ses semblables, et expliquer ainsi la formation de certains types aberrants.

Presque toutes les lois de l'évolution biologique

trouveraient de même leur application dans le domaine social. Citons-en quelques exemples Darwin parle de la loi organique des corrélations de croissance. « Des modifications de structure, dit-il (1), peuvent être entièrement dûes à ces lois, sans être, autant du moins que nous en pouvons juger, du plus léger service à l'espèce ». On en trouve un exemple dans la vie sociale, où l'on voit, avec le développement du pouvoir central, naître la profession des courtisans, qui n'est d'aucun intérêt pour la collectivité. Il continue en traitant de la loi de compensation et de balancement de croissance. « Afin de dépenser d'un côté, dit Gœthe, la nature est forcée d'économiser de l'autre (2) ». C'est ainsi que les parasites perdent les organes de protection et de locomotion qui leur sont devenus inutiles. On voit de même, dans la société, les pouvoirs publics réduire la dotation d'un service pour constituer celle d'un autre, affecter par exemple à l'assistance des ressources qui avaient antérieurement une destination religieuse. Darwin ajoute que ce fait est simplement la conséquence d'une loi plus générale : « c'est que la sélection naturelle essaie continuellement d'éco-

---

1. *Origine des espèces*, chap. V, § 4.
2. *Ibid.* § 3.

nomiser sur chaque partie de l'organisation. » Ce principe a reçu d'un sociologue, M. Lester Ward, le nom de loi d'économie. Il en a fait la loi la plus générale de la vie sociale, en la reliant à la loi mécanique du moindre effort. Et l'on peut certainement expliquer par elle bien des choses dans la vie sociale. Des corporations autrefois florissantes ne sont plus représentées aujourd'hui que par quelques individus isolés : à cela correspondent, dans la vie organique, les organes atrophiés et devenus rudimentaires. Des institutions jadis respectées ne se maintiennent plus que comme des survivances que l'on sent caduques ; des pratiques qu'une foi très vive inspirait ne paraissent plus avoir qu'une valeur à peine symbolique. C'est que le courant de l'adaptation a porté d'un autre côté les forces vives de la société moderne et qu'ici n'opère plus que la force conservatrice de l'hérédité.

Si ces analogies sont effectives, on comprend que l'on ait songé à appliquer à l'étude de l'évolution sociale les mêmes méthodes qu'à l'étude de l'évolution organique. Dans l'une comme dans l'autre, il faut d'abord observer ; les procédés précis d'observation sont, en premier lieu, la monographie des types ; en second lieu, la statistique des cas constatés. Le premier de ces procédés a été transporté des sciences naturelles aux sciences sociales. Le second l'a été, inversement, des sciences sociales aux sciences naturelles, sous le nom de biométrie. — Après avoir observé, dans l'un comme dans l'autre domaine, il faut comparer et classer. Pour classer les types animaux, la zoologie a l'avantage d'en pouvoir rapprocher trois catégories : les formes actuelles, les formes larvaires qui les précèdent, les formes disparues. En un mot, elle utilise à la fois les données de l'anatomie comparée, celles de l'embryologie, et celles de la paléontologie. Le sociologue a une ressource du même genre. Il peut comparer entre elles toutes les sociétés actuelles. Il peut en rapprocher les sociétés du passé, connues par l'histoire et l'archéologie. Et il trouve, comme l'a montré M. Achille Loria, une sorte d'embryologie sociale dans l'étude des colonies, dont les stades successifs reproduisent en abrégé ceux de leurs mères-patries. L'enchaînement évolutif des sociétés peut donc être établi par les mêmes procédés que celui des organismes.

II

Sur ces méthodes, comme sur ces lois, nous ne saurions insister ici. Leur exposé complet constituerait tout un traité de sociologie biologique. Notre seule intention était d'établir, dans ce travail, le lien de la biologie et de la sociologie, en montrant que les principes d'évolution découverts par la première ont leur application dans la seconde. Nous espérons avoir réussi à prouver qu'ils se retrouvent en effet, tant dans la vie des individus formant la société que dans le développement des groupes humains eux-mêmes. La nature de cette étude ne comportait aucune enquête de détail, mais les constatations d'ordre général auxquelles nous avons dû nous en tenir sont susceptibles d'être examinées, contrôlées et, croyons-nous, acceptées par tous les investigateurs

Si l'on veut les résumer d'un mot, on dira que le principe de toute évolution, chez un être ou chez un groupe, se trouve dans l'activité qu'il déploie pour s'adapter à son milieu ou pour adapter son milieu à lui-même. Les résultats acquis par cette activité adaptatrice se transmettent par l'hérédité, qui ainsi joue un rôle fixateur, à certains égards favorable, à certains égards opposé à l'adaptation elle-même. La concurrence enfin détermine, parmi les candidats à l'adaptation, lequel sera « séligé » pour les destinées les plus hautes, sans que cela doive, surtout dans un régime vraiment humain, empêcher les moins favorisés de trouver aussi leur place au soleil.

L'enseignement à tirer de là nous paraît double. D'une part, la sociologie ne saurait se constituer scientifiquement sans faire appel au concours de la biologie ; car pour comprendre le développement de l'activité des hommes en société, il faut d'abord connaître les lois qui régissent leur vie organique. A coup sûr, cette connaissance ne suffit pas : le monde social est plus complexe que le monde organique ; les facteurs en jeu y sont plus nombreux et plus variables ; l'intelligence et la volonté s'y donnent libre cours ; elles appliquent en des sens très divers les principes biologiques et parfois même elles essaient d'aller à l'encontre de ceux-ci. Mais ces derniers n'en restent pas moins la base de tout l'édifice social, et il faut les avoir étudiés pour l'examiner lui-même avec fruit.

D'autre part, la biologie, à son tour, a quelque chose à apprendre de la sociologie. Car les faits sociaux sont encore, d'une certaine manière, des faits organiques. Toute théorie biologique complète doit donc, sinon en rendre raison, du moins ne pas les contredire et en laisser possible l'explication. Darwin n'aurait certes pas refusé de l'admettre, lui qui reconnaît si dignement ce qu'il doit à Malthus. Et peut-être ne lui a-t-il manqué que d'approfondir certains faits sociaux pour voir ce que sa théorie de la sélection eût gagné à s'appuyer sur la théorie de l'adaptation de Lamarck.

Dans les sciences, comme dans l'univers, il y a tout ensemble diversité et unité. La division du travail est nécessaire entre savants, pour que chacun défriche complètement le champ qui lui est assigné. De là vient la distinction des sciences naturelles et des sciences sociales. Mais l'examen périodique de ce qui s'est fait dans les domaines voisins n'est pas moins nécessaire, pour que chacun n'oublie pas toutes les parties de la réalité dont l'étude n'est pas son objet propre. Les pages qu'on vient de lire ont eu pour but de tenter un rapprochement entre deux de ces domaines. Les biologistes et les sociologues sont d'ordinaire séparés par la diversité de leurs études ; nous avons voulu pour un instant leur en rappeler l'unité.

TABLE DES MATIÈRES

		Pages
CHAPITRE I. — *Biologie et sociologie*		7
I. — Relation générale de la biologie et de la sociologie		7
II. — Division mécanique et division biologique de la sociologie		13
III. — Principes biologiques en statique et en dynamique sociales		17
CHAPITRE II. — *L'adaptation*		23
I. — Importance de l'adaptation sociale. Ses caractères généraux		23
II. — A quoi, dans la vie sociale, l'individu s'adapte		26
III. — Comment il s'adapte		29
IV. — Dans quelle mesure il s'adapte		34
V. — L'adaptation des groupes		38
VI. — La croissance et le déclin		43
CHAPITRE III. — *L'hérédité*		49
I. — L'hérédité conservatrice du type ancestral. Ses rapports avec l'éducation		49
II. — L'hérédité novatrice : la transmission des caractères acquis		56
III. — L'atavisme		60
IV. — La variation individuelle dans l'hérédité		64

V. — L'hérédité des aptitudes et des situa-
tions 67
VI. — L'hérédité des groupes 74
CHAPITRE IV. — *La sélection* 77
    I. — La théorie de Darwin 77
    II. — La lutte des individus dans la société 84
    III. — La lutte des groupes 91
    IV. — Avenir de la concurrence et de la sélec-
tion 98
    V. — Portée limitée de la concurrence et de la
sélection. Prééminence de l'adaptation 106
CONCLUSION 111
    I. — Parallélisme des lois de l'évolution sociale
et des lois de l'évolution organique. Parallélisme des méthodes qui peuvent servir à les
étudier 111
    II. — Identité des principes généraux qui
dominent ces deux évolutions 116

Imp. de la librairie GIARD et BRIÈRE, 16, rue Soufflot, Paris.

REVUE INTERNATIONALE

DE

SOCIOLOGIE

PUBLIÉE TOUS LES MOIS, SOUS LA DIRECTION DE

RENÉ WORMS

Secrétaire Général de l'Institut International de Sociologie
et de la Société de Sociologie de Paris

AVEC LA COLLABORATION ET LE CONCOURS DE

DIX-SEPTIÈME ANNÉE — 1909

Abonnement annuel : FRANCE : 18 fr. -:- UNION POSTALE : 20

V. GIARD et E. BRIÈRE

Editeurs

16, RUE SOUFFLOT, ET 12, RUE TOULLIER

PARIS, V•